W9-BHR-842

Yo te he de dar una urdimbre
de luz que tú no conoces
yo te he de dar unas hierbas
que dan extraños colores;
por lizos has de poner
hilos que en luna se aromen,
y me has de tejer un puyo
que al largarme yo al galope se abra
como una bandera
que nunca vieron los hombres
y que huela a cielo nuestro
y a corazón de mis montes.
Un puyo donde mi tierra
cante, grite, baile y llore!

Alfredo Bufano
A una tejedora

Los autores agradecen a Nicolás Bunge, Sergio Cazapa, Mario Cócolo, Mario Day, Nélida Teresa Donadío, Elisa Lester, Félix Namor, Jorge Quesada, Familia Ramallo, Pablo Rambozzi, Rodolfo Ramos, Marta A. de Rosa, Vivian Spoliansky, Delia Beatriz Taranto, Silvia R. de Tarasido y Tierra Adentro S.R.L. por su ayuda en la realización de este libro.

Otros títulos publicados por Maizal

Español/Spanish
El Mate
El Tango
El Gaucho
Argentina Natural
La Cocina Argentina
Carne Argentina
Indios Argentinos
Vinos Argentinos

Inglés/English
The Mate
The Tango
The Gaucho
Argentine Nature
Argentine Cookery
Argentine Beef
Argentine Indians
Argentine Wines
Argentine Textiles

Bilingüe/Bilingual
Teatro Colón
Pintura Argentina/
Argentine Painting

www.argentrip.com

Diseño: Christian le Comte y Sophie le Comte
Hecho el depósito que marca la ley 11.723
ISBN 987-9479-15-7, Buenos Aires, Argentina
Editado por Maizal Ediciones
Muñiz 438, B1640FDB, Martínez
Buenos Aires, Argentina.
E-mail: info@maizal.com

Impreso en noviembre de 2003 por Morgan Internacional.

Enrique Taranto
Jorge Marí

Textiles Argentinos

Tejeduría Prehispánica

Contrariamente a la creencia europea de que el continente americano estaba poblado por salvajes a la llegada de Cristóbal Colón en 1492, la existencia de centros de civilización aborigen con notables rasgos de adelanto cultural esperaba a los conquistadores.

Fragmentos de tejido preincaico (con flecos de cintas) de la costa sur peruana, cultura chancay

América del Sur tuvo su gran faro civilizador en el imperio incaico y desde allí, siguiendo el corredor andino, se irradiaron sus costumbres.

El tejido estuvo siempre presente en toda ceremonia: fue tributo a los monarcas, obsequio a los guerreros y funcionarios destacados, elemento de sacrificio religioso y ajuar funerario.

En lo atinente a la República Argentina, una parte de su territorio integró el Kollasuyo (actuales provincias de Tucumán y Catamarca y territorios adyacentes a los Andes hasta Cuyo). El Kollasuyo era la parte sur del Tahuantinsuyo, denominación que recibió el imperio incaico y que en quechua significa "las cuatro partes". La otras tres eran: el Chinchasuyo (norte), el Antisuyo (este) y el Cuntisuyo (oeste).

Fragmentos de tejido preincaico de la costa sur peruana

Al Kollasuyo y al Antisuyo pertenecían las provincias del Alto Perú, las cuales conformaban el territorio de las Provincias Unidas del Río de la Plata, nombre con que inició la Argentina su vida independiente. En la época preincaica, entre el 1500

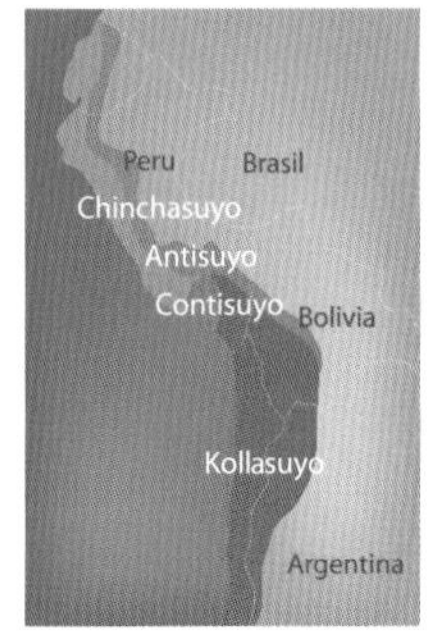

Mapa de las regiones en las que estaba dividido el imperio incaico (Tahuantinsuyo)

AC y el 1200 de nuestra era, fueron sede de la cultura Tihuanaco (incluído el norte de la provincia de Jujuy).

El colapso de Tihuanaco (aún sin explicación) dio lugar al florecimiento de otros grupos étnicos con características culturales heredadas de este gran imperio. Entre ellos se destacaron los llamados Señoríos Aymaras, grupos independientes unidos básicamente por hablar la misma lengua: el aymara. Las luchas continuas entre los Señoríos Aymaras facilitaron su incorporación al imperio Inca en su etapa de mayor esplendor expansionista, iniciada bajo el reinado de Tupac Inca (Pachacutec) en 1430 e interrumpida definitivamente por la llegada de los españoles.

Unku preincaico de la costa sur peruana

Pero los primeros restos de fibras hiladas y torcidas a mano encontrados en nuestro país son mucho más antiguos: datan de 6720 a 7670 AC. El hallazgo fue en la cueva de Huachichocana, en Jujuy. De Humahuaca, en la misma provincia, son los primeros tejidos, datados en 2130 AC, procedentes de Inca Cueva.

Otros textiles de similar antigüedad fueron descubiertos en las provincias de San Juan (Gruta de los Morrillos, Dto. de Calingasta) y Mendoza (Gruta del

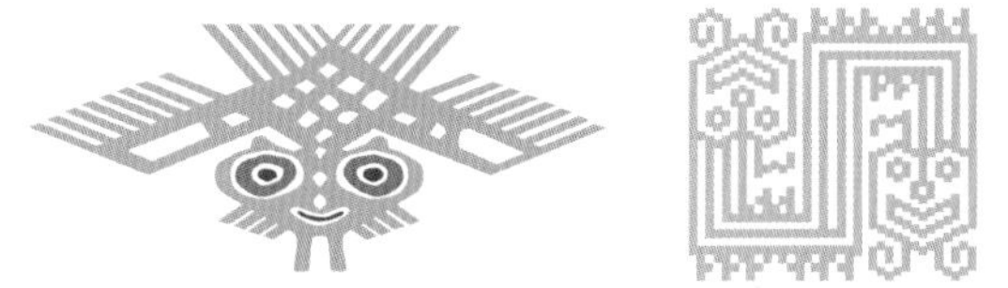

"Lechuza", Paracas 500–200 a.C.

"Víbora bicéfala", Paracas 500–200 a.C.

Indio, Dto. de San Rafael), logrados con hilados de fibras vegetales, a las que en el primer caso se agregaban lana y cabello humano trenzado.

Del Período Temprano (500 AC al 500 DC) no han sido halladas piezas de mayor relevancia, mientras que del Período Medio (500 DC al 1000 DC) fueron hallados textiles en gran cantidad, pertenecientes a la Cultura Candelaria, en Salta.

"Ave", Chimu, (1200–1450)

"Figura antropomorfa", Chancay (1000–1450)

"Dios del Mar", Inca, (1300–1530)

Desde el año 1000, la economía agrícola y ganadera más desarrollada dio a los primitivos habitantes de nuestra tierra mayor tiempo libre para dedicarse al arte textil, y así sucedió en el llamado Período Tardío, especialmente en Salta y Jujuy, hasta llegar al ya mencionado Período Incaico, iniciado en 1430 y afianzado en 1471, con la penetración del Inca Pachacutec y de su hijo Yupanqui en el territorio aymara.

Fragmentos de tejido preincaico (con flecos de cintas) de la costa sur peruana

La Conquista

José del Pozo, "Mujer patagona", 1790

Sebastián Gaboto (1476–1557), navegante genovés al servicio de España, al remontar el río Paraná en 1529, encontró indios con ponchos. El cronista Ulrico Schmiedl (soldado bávaro integrante de la expedición de Pedro de Mendoza, primer fundador de Buenos Aires, en 1534), menciona mujeres charrúas y querandíes vestidas con faldas en Buenos Aires y Santa Fe: *"Estos indios* [*charrúas*] *andan en cueros, pero las mujeres se tapan las vergüenzas con un pequeño trapo de algodón, que les cubre del ombligo a las rodillas.* [...] *También estas mujeres* [*querandíes*] *llevan un pequeño paño de algodón cubriendo sus vergüenzas."*

La información obtenida sobre la indumentaria de quienes habitaron primitivamente la región austral pampeana, hace suponer que los aborígenes vestían quillangos (cueros unidos mediante costura) y la difusión del poncho fue más tardía; pero si nos atenemos a la carta que Juan de Garay (segundo fundador de Buenos Aires) remite al rey en 1580, veremos que los tejidos no eran desconocidos en la zona que él describe (se refiere a la costa atlántica del sur de la provincia de Buenos Aires): *"Ay gran cantidad de lobos marinos, aquella gente se abriga con mantas de pieles de unos animales que ay como liebres y de gatos monteses y hacen sus tiendas de cueros de venados, allamos entre estos yndios alguna Ropa de lana muy buena; dizen que la traen de la cordillera de las espaldas de Chile".*

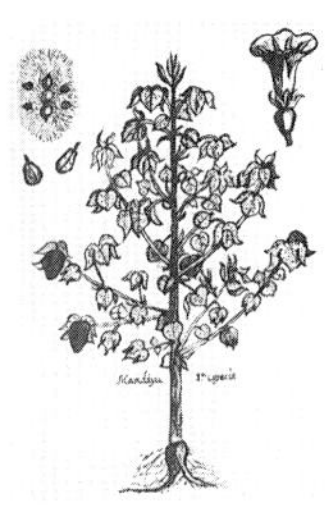

José Sánchez Labrador, S. J. (1717–1798) "Algodón o Mandiyú"

La introducción de las ovejas en territorio argentino por parte de los españoles (ver pág. 17) fue un aporte trascendental, siendo también digno de mención el inicio del cultivo del algodón en territorio nacional. En 1556 se llevaron semillas de algodón a las provincias de Santiago del Estero y Tucumán, Si bien la importación se efectuó desde Chile (La Serena), probablemente estas semillas eran originarias del Valle de Piura, Perú, donde su cultivo era intenso.

Las etnias del sur comercializaron sus tejidos sin intermediarios; aún en épocas de hostilidades militares se arrimaban a los almacenes y pulperías de la frontera para cambiar su producción por "vicios": tabaco, yerba, azúcar y aguardiente.

También propendieron a la sistematización tanto en lo atinente a la producción como a la comercialización. En este tema se destacaron particularmente las instituciones religiosas; en 1587 está fechado el envío de treinta carretas con fardos de tejidos originarios de Tucumán, por orden de su primer obispo, el dominico portugués Fray Francisco de Vitoria, hacia el puerto de Buenos Aires, para su embarco con destino al Brasil.

La Compañía de Jesús, en sus obrajes de las misiones, de las cuales las guaraníticas fueron las más conocidas, fomentaron el hilado y el tejido desde 1609 hasta la expulsión de la orden en 1767.

Estos esfuerzos iniciadores dieron sus frutos en todas las regiones del país, y de ahí hasta nuestros días, la tejeduría es la artesanía más difundida y conservada, confluyendo en ella las dos vertientes culturales originarias: la aborigen y la europea, con predominio del mestizaje en el noroeste y lo indígena puro en el Chaco y la Patagonia.

Emeric Essex Vidal (1791–1861) "Tienda"

Los Materiales

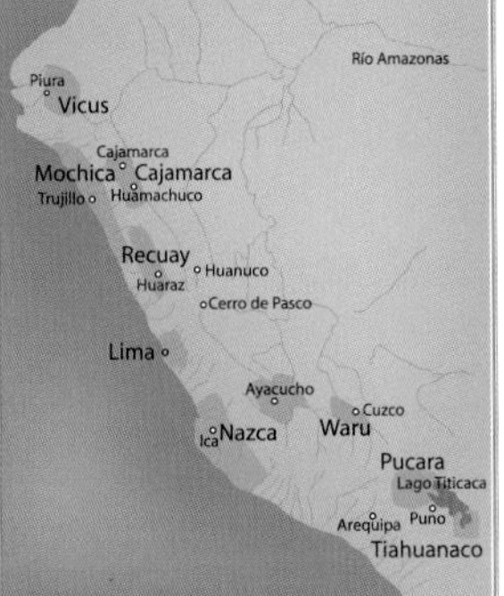

Culturas preincaicas de la costa peruana

Antes de la llegada de los españoles a nuestro suelo, y con ellos las ovejas, los aborígenes del cono sur americano (nos referimos a los grupos étnicos que poblaron primitivamente el corredor andino), utilizaron la lana de los camélidos para alimentar sus telares.

Todavía en Perú, y sobre todo en Bolivia, es de uso común la lana de alpaca (*Lama pacos*), en tanto que las de llama (*Lama glama*) y guanaco (*Lama guanicoe*) son menos requeridas y la de vicuña (*Vicugna vicugna*) se reserva para piezas muy especiales. En el noroeste de nuestro país se emplea vicuña para piezas de gran calidad que se tejen en Catamarca, en tanto que en el sur, a ambos lados de la cordillera, donde el proveedor antes de la conquista era el guanaco, la oveja ha pasado a reemplazarlo totalmente en el siglo XIX.

Dibujante del Relato de un viaje a los mares del sur, de M. de Frezier, "Escena de trabajo en una mina" Perú, siglo xviii

Cuando tenemos ocasión de examinar un poncho, una lliclla o una faja del Alto Perú no podemos dejar de admirar la calidad de su tejido, que da a la pieza de lana una apariencia mucho más delicada que la de los tejidos del sur, tanto argentino como chileno. Esta finura, obtenida por la delgadez y torsión de la lana empleada, sumada a lo apretado de la técnica de la tejedora, otorga una textura y un acabado más próximos a las fibras vegetales y semejan provenir de telares industriales.

La vicuña y el guanaco se han mantenido en estado salvaje; la llama y la alpaca, los otros camélidos habitantes del altiplano, se adaptaron desde siempre a la convivencia con los humanos.

Martinez Compañón, (1735–1797) "Indio pastor de ovejas"

En la antigüedad, las vicuñas se esquilaban de abril a julio y luego eran liberadas para su reinserción a la vida silvestre. Esos animales no eran vueltos a esquilar hasta pasados tres años, para dar tiempo al crecimiento ideal de la lana y para que pudieran reproducirse una vez superado el estrés de su manipulación. Más tarde, dado el gran trabajo y delicadeza que esta tarea requería, los españoles se dedicaron a cazarlas con sus arcabuces para obtener su lana eliminándolas. Esa práctica, a la que adhirieron también los nativos, las llevó a ser especie en peligro de extinción. "*Antes de la conquista española la población de vicuñas era de aproximadamente 3 millones de individuos. En 1965 sólo quedaban 10 000 ejemplares, distribuidos en Bolivia, Perú, Chile y Argentina. Actualmente hay 200 000 vicuñas de las cuales 37 000 están en Argentina*". (Vilá)

Llamas transportando sal

Camiseta de caraguatá, Chaco, siglo xix

El caraguatá o chaguar es una planta bromeliácea de hojas lanceoladas de las que se extraen hebras que, tratadas con cenizas e hiladas, proveen de un hilo similar al de cáñamo.

Hay evidencia de inicio de domesticación de camélidos de unos 6000 años de antigüedad, pero la práctica del pastoreo intensivo en reemplazo de la caza tuvo lugar a comienzos del siglo XI de nuestra era, por lo menos en lo atinente a la zona del lago Titicaca, donde existía la mayor concentración de estas especies.

Para las lanas que debían ser teñidas era requerida la fibra blanca, que es de difícil hallazgo en la alpaca y por lo tanto muy cara. Por tal motivo, después de la conquista española comenzó a ser usada la lana de oveja para estos menesteres, ya que era mayoritariamente blanca.

La textilería andina no despreciaba ningún elemento que le pudiera resultar de utilidad, y es por eso que debemos incluir al algodón entre las fibras utilizadas. Si bien el cultivo intensivo en territorio argentino fue iniciativa de las corrientes colonizadoras, su uso data de muchos siglos atrás, dado que es una especie vegetal autóctona. El hilado de algodón fue utilizado en la tapicería inca y antes aún en las culturas de la costa del Perú florecidas entre el siglo I y el VIII como Paracas, Nazca y Huari. También se lo halla como urdimbre en textiles de ciertas regiones como Tarabuco (Bolivia), donde su mezcla con hilos de lana da una sensación de relieve muy especial por la diferencia de sus grosores y su textura.

Alpaca (Lama pacos)

En los obrajes jesuíticos se utilizaba algodón en cantidad importante, combinando a veces esta fibra vegetal con lana de oveja o de camélidos.

Llama (Lama glama)

En las regiones cálidas del norte de nuestro país, los textiles de algodón —los ponchos en especial— son los más comunes, así como sucede en el Paraguay. De las zonas pobladas por aborígenes chaquenses y guaraníes provienen también piezas tejidas con fibra vegetal (fajas, bolsos y camisetas), aunque en este caso se utiliza fibra hilada de *caraguatá* (en quechua: *chaguar*).

Respecto de la introducción de las ovejas en el territorio argentino, William Mac Cann refiere una observación de 1847: *"Desde que dejé Buenos Aires mi camino había transcurrido entre establecimientos dedicados a la cría de ovejas, en realidad, toda la campaña saliendo de la ciudad y en un radio de treinta leguas es un vasto criadero de ovejas."*

Guanaco (Lama guanicoe)

¿Cómo empezó esto? Para establecer un origen cronológico podemos tomar como hito la llegada del colonizador español Don Ñuflo Chávez a Asunción del Paraguay, con un rebaño de ovejas procedente del Perú, en una legendaria travesía, en 1548–49.

Algunos dicen que de estos animales descendían los que llevó Juan de Garay en 1573, cuando partió desde allí para fundar la ciudad de Santa Fe, y en

Vicuña (Vicugna vicugna)

1580 cuando refundó Buenos Aires. Mac Cann, en cambio, afirma: "*La raza de que descienden todas las ovejas de esas provincias fue introducida en 1590 por Juan Torres de Vera y Aragón, quien, para cumplir con una obligación que tenía con su suegro Juan Ortíz de Zárate, trajo cuatro mil ovejas de las Charcas que se distribuyeron entre las provincias de Buenos Aires, Santa Fé y Corrientes y aumentaron en gran proporción su prosperidad.*"

C. E. Pellegrini (1800–1875) "Don Juan Harratt, Fundador de la cría de merino en el Río de la Plata"

Debe ser tenido en cuenta que estos animales pertenecían a una raza inferior llamada churra, la más ordinaria de toda Europa. Eran altas, de lana lacia, cabeza alargada y cara y patas peladas. De esta manera, España, merced a la prohibición de importar razas de calidad superior, mantenía la supremacía del comercio lanar en base a sus ovejas merino.

Pasaron doscientos años y hasta los españoles afincados en nuestra tierra se dieron cuenta de la injusticia de la medida.

El marqués de Campomanes en 1774 y el virrey Loreto en 1790 hicieron gestiones para poder importar las famosas merino españolas, argumentando que la producción y exportación de lanas y telas de buena calidad devengaría grandes ganancias a la corona, pero la prohibición no fue levantada.

Martinez Compañón, (1735–1797) "Indios esquilando ovejas"

Recién en 1794 el poeta argentino Manuel José de Lavardén (1754–1809) consigue introducir la primera majada merino en el Río de la Plata.

En esos años contábamos con dos o tres millones de ovejas de baja calidad descendientes de esa raza churra, ya divididas claramente en dos tipos o sub razas: la criolla, más abundante, de cuerpo menudo y lana escasa y la pampa, más grande y de mejor lana.

En 1814, el cónsul norteamericano Thomas Lloyd Halsley importa otro plantel de treinta y cinco animales merino, y para asegurar el éxito de la inversión contrata al pastor alemán Otto Dewahagen. Éstos son los primeros ejemplares de calidad que pisan suelo argentino, estableciéndose en el campo "Los

Juan León Pallière, (1823–1887) "Santiagueña tejiendo"

Altos de Halsley", en el actual partido de Morón (Provincia de Buenos Aires).

Obtuvieron buenos resultados y en 1819 ya contaban con cuatrocientas cabezas, pero un incendio terminó con la empresa ya que sólo se salvaron treinta y tres animales.

Churra

Fue Bernardino Rivadavia (1780–1845), primer presidente de la Argentina en 1826–27, el que cimentó definitivamente la cría de ovinos de calidad y el refinamiento de las razas a partir de 1824, práctica que cobró una fuerza incontenible, impulsando el progreso de nuestro joven país desde varios ángulos. Cada año, la oveja, comedora de pasto tierno, desplazaba unas tres leguas hacia el sur al ganado vacuno rústico, comedor de pastos duros, y llevaba hacia el sur las poblaciones.

Merino

La población de la campaña también aumentó significativamente por la necesidad de mano de obra. En 1876 se doblaba la población de Buenos Aires.

Juan León Pallière, (1823–1887) "La Esquila"

Sin analizar si fue para bien o para mal, fue por las ovejas que se impuso el alambrado de los campos. Hasta la industria frigorífica llegó a nuestras tierras por ellas, ya que por esos años era más importante la exportación de carne ovina que vacuna.

Volviendo a las ovejas pampas, Enrique Kermes escribía en 1893: *"La única fibra textil usada por los pampas es la lana, la lana del guanaco, y, desde la introducción de la oveja, la de ésta también. Ahora usan casi exclusivamente esta última, porque el guanaco ya tiende a desaparecer.* [...] *Para la fabricación de ponchos chiripaes se prefiere la lana de oveja pampa: los ponchos hechos con esta clase de lana son casi impermeables. Para abajeras de caballos de silla, por el contrario, y para sobrepuestos, se prefiere lana merino, por ser más blanda."*

Alfredo Taullard, investigador e historiador argentino contemporáneo, aporta una referencia a las majadas que poseían las familias mapuches: *"Las ovejas traídas por los españoles fueron degenerando con el tiempo y formando una raza que los araucanos llaman ofija, de lana gruesa y larga.* [...] *Después de haber dejado estacionar la lana durante un tiempo, proceden a desenredar los hilos de la misma y a peinarla cuidadosamente, estirándolos paralelamente en fajas regulares, para dedicarse luego con más facilidad a la operación de hilado.* [...] *Como se ve los araucanos son muy prolijos en la preparación de la materia textil, gozando así de bien merecida fama sus hermosos ponchos y abrigadas mantas"*

"Además hacen cojinillos comúnmente teñidos en azul o negro; son tejidos ordinarios en los cuales se introducen franjas hechas de lana pampa fina; las hebras de esta lana deben tener para este fin 25 a 30 cm de largo."
"Los indios tienen mucho empeño en conseguir lana de este largo; la dificultad que hay para esto, es también la causa del alto precio que obtienen tales trabajos."
"Los tejidos de los pampas son de una resistencia extraordinaria y por esto muy buscados." E. Kermes

José Aguyari (1843–1885) "La Esquila"

Hilado

Un día , una chiquilla lavaba mote [maíz o trigo cocido y pelado] *en el río , llegó un viejo y se la robó; se la llevó pa' sus tierras. Dicen que le dijo: "Me voy pa' la Argentina, cuando vuelva yo me tienes que tener toda esta lana hilada".*

Se fue el hombre y la niña quedo llorando ¡cuando sabía hilar!, llorando junto al fogón y en eso el choñowe kuzé (el fuego viejo), le habló: "No tienes porqué afligirte tanto, yo voy a llamar a Lalén Kuzé (la araña vieja)" y le dijo a la chiquilla: "Tienes que hacerlo como yo, mírame y aprenderás a hilar".

Así que pasaron los días, cuando volvió el hombre, las lanas estaban hiladas.

Lalén Kuzé todas las noches fue a ayudar a la niña y juntas terminaron el trabajo. (Montecino)

Anónimo, "La Virgen Niña Hilandera" Cuzco, siglo xvii

Rueca (torno de hilar) de origen europeo, siglo xix

Muy adentrado está el concepto de lo sagrado–místico–religioso en la vida de los mapuches, y esta leyenda vinculada al aprendizaje de la técnica de hilar lo reafirma.

Es costumbre tradicional colocar a las niñitas recién nacidas, hilos de tela de araña alrededor de sus muñecas o incluso deslizar arañitas por la palma de sus manos para transmitirles los secretos de la obtención del gran protagonista del arte textil: el hilo.

Para los mapuches todo lo relacionado con el tejido pertenece al ámbito femenino, cosa que no sucede en el altiplano, donde toda la familia hila, incluidos los hombres.

Garcilaso de la Vega en sus comentarios reales dice: *"Las indias eran tan amigas de hilar y tan enemigas de perder tiempo, que yendo y viniendo de las aldeas a la ciudad y aún pasan-*

do a visitarse de un barrio a otro en ocasiones forzosas, llevaban recaudo para dos maneras de hilado, es decir, para hilar y torcer. En algunas provincias apartadas del Cuzco que aún no estaban bien cultivadas por los reyes incas, iban las mujeres a trabajar al campo y los hombres quedaban en casa a hilar y tejer."

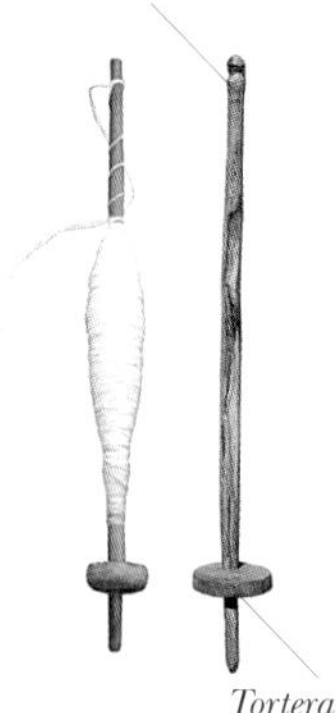

Husos de hilar

Después de varios años de intensa investigación en el Cuzco y el noroeste argentino, Fausto Burgos y María Elena Catullo han visto en un lado y otro a los descendientes de incas y kollas hilar con el huso y desplazarse de un lado a otro con naturalidad, como al descuido, pareciendo un juego lana y huso en sus manos.

Para explicar el proceso de hilado, debemos primero remitirnos a la obtención de la lana. Si ésta es proveniente de la esquila, el primer paso de separarla del cuero está dado, pero cuando proviene de animales silvestres, la tejedora recibía, y aún sigue recibiendo, el cuero entero del animal, sacrificado en el acto de la caza propiamente o después de encerrado en corrales–trampa. En ese caso, las hilanderas enterraban los cueros en lugar húmedo durante varios días, a fin de que se pudriera la epidermis. Al desenterrarlo, con sólo asir el mechón, la lana quedaba entre sus manos. Desde Mendoza hasta el Perú, ésta era la práctica habitual para con los cueros de camélidos. Cuando se obtiene el vellón, si el hilado ha de ser delicado, se separan las lanas de las diferentes regiones del cuerpo del animal, según las características y aún el color de sus fibras (lomo, panza y flancos para el caso de la vicuña) y se procede a desmotarlo. La hilandera toma en sus manos una vedija y la separa tratando de alinear uniformemente las fibras que va amontonando en una bolsita o sobre un paño o sobre su mismo delantal que a veces tiene un bolsillo para albergar la lana ya desmotada.

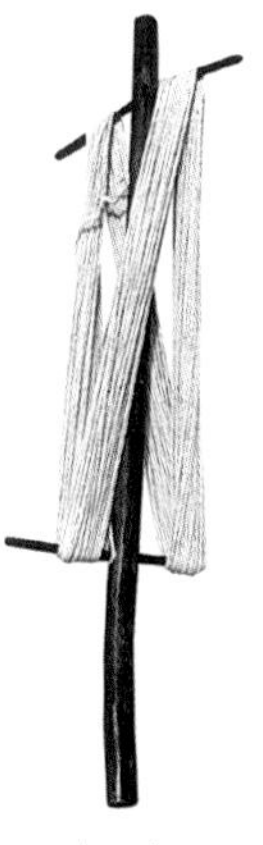

Aspahue (enmadejador)

Finalizada esa tarea, toma el huso, un palillo de un grosor no mayor que un dedo meñique que se aguza ligeramente en su extremo superior, de longitud variable que generalmente no excede los 25 cm en el norte y algo más en el sur. Su nombre en mapudungun (lengua mapuche) es *kulíu*; en quechua, *puchsca*; en aymara, *capuz*.

A ese huso se le acopla en su parte inferior la tortera, como una rueda fijada a su eje. Se trata de un disco con un orificio central, de piedra, madera o barro cocido para darle peso y favorecer el giro. Su nombre en mapudungun es *chinkud*; en quechua, *piruro*; en Catamarca, Santiago del Estero, Salta y La Rioja le dicen *muyuna* (en quechua, *muyuy* significa girar).

Nicolás Rubió, "La hilandera de Illimani", 2003

Burgos señala que vio a una anciana del Atuel, usar como tortera una pasa de higo atravesada en su centro por el palillo.

Tomando el vellón, lo enrolla en su muñeca izquierda sujetándolo entre el pulgar y el índice, tira de la punta con la diestra emparejando las fibras, fabrica una mecha del grosor que desea, lo ata al huso y con la mano le imprime un movimiento rotatorio en el sentido de las agujas del reloj, como haciendo girar un trompito o perinola, salvo que el huso gira en el aire.

Produce un hilo de la mayor longitud posible y procede a enrollarlo entre los dedos de la mano izquierda para pasarlo inmediatamente al huso, dando origen al ovillito. Sujeta al palillo el final de lo ya hilado con una lazada y repite la operación una y otra vez.

Nicolás Rubió, "Maternidad en el callejón de Huaylas", 1994

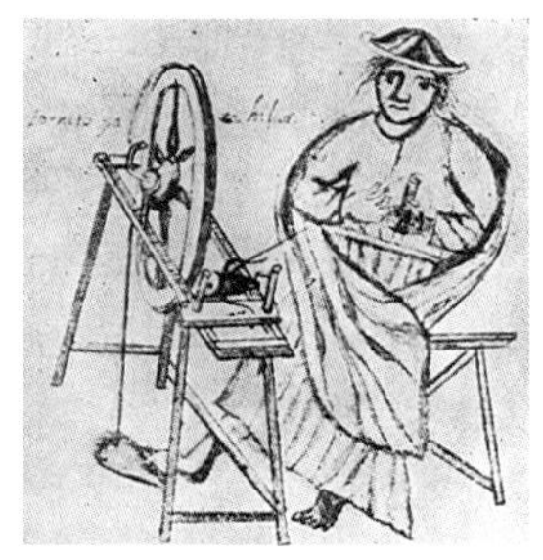

José Sánchez Labrador, S. J., (1717–1798) "Hilandera en la Rueca"

Cuando el ovillo es lo suficientemente grande, lo deja e inicia otro. Puede usar otro huso y tortera, o dejarle el palillo y quitarle la tortera para colocarla en otro, o vaciar ovillando la producción en forma de pelota si desea volver a usar el mismo huso. Conviene aclarar aquí que al aparato de huso y tortera se lo llama indistintamente huso o rueca, pero prefiero no usar este último término para que no se confunda con la rueca de pedal, elemento traído de Europa por los españoles y utilizado ampliamente por las criollas cuya denominación correcta es torno de hilar. En una casa de la época de la Colonia y aún más adentrado el siglo XIX era más frecuente que faltara una silla que una rueca de pedal.

Fray Diego de Ocaña, (c 1570–1608) "India Araucana"

Bueno, ya tenemos varios hilos ovillados, ahora corresponde "torcer". Si hemos seguido el texto con atención, deducimos que el hilo que se obtuvo es de una sola hebra, y para que una lana tenga resistencia y elasticidad debe tener al menos dos hebras. Entonces, la hilandera toma un nuevo huso, de mayor tamaño (*kanti* para los quechuas, *ckapu kanti* para los aymaras) y atando a la par dos cabos de una sola hebra, los hace girar, esta vez en sentido contrario a las agujas del reloj, logrando producir un solo cabo de dos hebras.

Rueca (torno de hilar) de origen europeo, siglo xix

Los hilos que se usan en el sur argentino y chileno son de un grosor superior a los del norte de los mismos países, y los más finos y delicados los encontramos en Bolivia y Perú. En estas regiones se procede a un tercer paso del hilado, que es el sobretorcido. Esa lana de dos cabos que ya se “relajó”, es decir, que adoptó su forma definitiva, es obligada a un sobregiro forzado, en el mismo sentido que ya estaba torcida, a tal punto que si no se la ovilla, se la toma entre los dedos de ambas manos y se la afloja, se enrula sobre sí misma. Por último nos referiremos a una técnica especial que se usa desde hace varios siglos en el Perú y en el Alto Perú, con significado ritual y para darle protección y alta resistencia en la zona de los bordes a los tejidos de calidad excepcional.

Lloque, detalle

Cuando hilamos en el sentido de las agujas del reloj, decimos que lo hacemos “en Z”, porque la dirección que toman las hebras remeda la forma de la zeta, y cuando torcemos en dirección contraria la lana queda torcida “en S”.

Los tejidos, en general, tienen este tipo de hilado, pero en el caso de esas piezas tan especiales a que nos referimos, se utiliza, alternando en franjas de aproximadamente medio centímetro de ancho, lana hilada exactamente al revés, es decir “en S”, y torcida por consiguiente “en Z”. Mirando atentamente el campo del tejido se apreciará un zig–zag, un efecto de espigado denominado por las tejedoras aborígenes “espina de pez”.

En la antigüedad, en algunas comunidades, sólo ciertos elegidos podían hilar de esta manera. Entre los aymaras, el *lloque*, como lo denominaban, era hilado por un dignatario: el *yatiri*, dado el alto significado que encerraba.

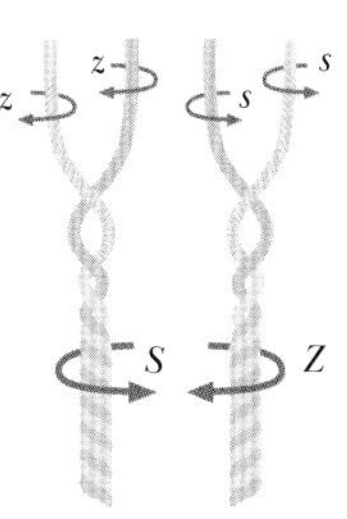

Diagrama de las dos posibles torsiones

Hilos torcidos “en S” y “en Z”

Kipu

El Teñido

Si consideramos importante la labor de las tejedoras en el desarrollo de la textilería aborigen, no podemos dejar de lado el proceso del teñido, cuyo aporte a la obtención de prendas de calidad superior es invalorable.

No por nada los tintoreros constituían un gremio de alta jerarquía en la escala social de las civilizaciones antiguas tanto de Oriente como de Occidente. Familias enteras guardaban celosamente secretos técnicos y los transmitían de generación en generación.

Hernán Cortés (1485–1547) "Nopal o Higuera de Indias"

Si bien la llegada de los europeos marcó un punto de inflexión en la historia y el desarrollo de nuestro continente, no fue este acontecimiento un hito enriquecedor para la obtención de colores en el arte textil. Hacia 1400 AC, la cultura Paracas había obtenido una gama de más de cien matices diferentes, de una calidad y definición comparables sin mengua a la de los romanos que lo lograban para la misma época con los aportes de Grecia y Oriente.

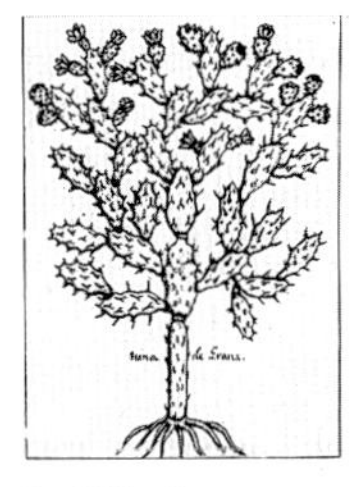

José Sánchez Labrador, S. J. (1717–1798) "Tuna de grana"

Cuando los conquistadores españoles tuvieron oportunidad de apreciar la riqueza y vivacidad del colorido de la vestimenta de los aztecas e incas no pudieron dejar de asombrarse y así lo consignaron en sus crónicas, haciendo hincapié en el grado de organización que estas culturas exhibían en cuanto a la producción y comercialización de sus materias tintóreas.

Así fue que la exportación al viejo mundo de la grana de cochinilla y el añil resultó un gran negocio durante siglos enteros con pingües beneficios para los comerciantes y no menor placer para el europeo que pudo deleitarse con rojos y azules de una vivacidad que no había disfrutado antes.

Detalle de poncho altoperuano teñido con grana de cochinilla

Desde tan remotos orígenes hasta nuestros días muchos han sido los cambios que el progreso y la tecnología han operado sobre el teñido, pero podemos decir sin temor a errar que, en esencia, la metodología sigue apoyándose sobre tres pilares básicos e imposibles de olvidar a la hora de teñir: el lavado, la utilización de mordientes y la impregnación de la materia tintórea en el hilado.

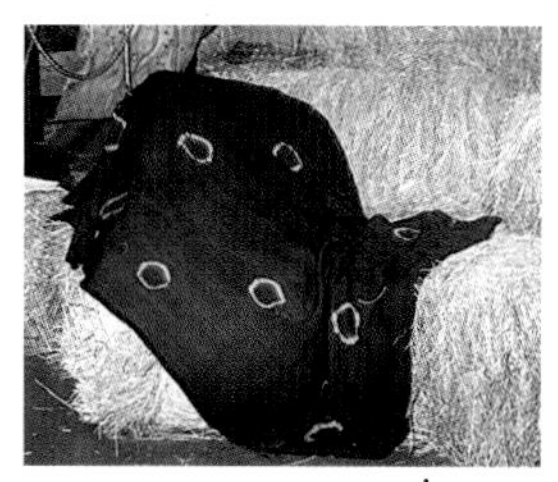

Poncho mapuche "de Argollas"

Sabemos que las prendas pueden ser teñidas después de tejidas, pero, exceptuando los ponchos de anillos o argollas, cuya técnica exponemos en la sección correspondiente, no existen otras aplicaciones de calidad en la textilería aborigen de la Argentina en lo que concierne a piezas ya tejidas. Por eso es que vamos a referirnos al teñido de lana, sea de oveja, de cabra o de camélidos como alpaca, llama, vicuña y guanaco. También puede ser teñido el algodón y aún el hilado de caraguatá, pero —si bien los colores que se obtienen son los mismos— varían grandemente las tonalidades y la intensidad del color.

Sistema utilizado para teñir un poncho de argollas

Es de suma importancia el preparado de las madejas para no tener problemas con los distintos pasos a seguir. Éstas deben tener todas el mismo peso aproximado para saber con qué cantidad de tinte deben ser enfrentadas y ser atadas en varios puntos (dos por lo menos) de su circunferencia. La atadura debe ser en ocho para mantener cierta separación entre las vueltas de la madeja y lo suficientemente floja como para permitir la absorción pareja de la tintura a lo largo de todo el hilado. Recordemos que para la obtención de la guarda "atada" o "amarrada" nos valemos justamente de la compresión de la lana para evitar su teñido en ese lugar.

Balanza para pesar lana

Martínez Compañón, (1735-1797) Proceso de la lana

India pastora cerca de su choza

Indios esquilando ovejas

Indios tiñiendo lana

Indios vareando lana

Indios cardando lana

Indios hilando lana a torno

Indios urdiendo la tela

Indios perchando la lana

India de Lamas hilando a torno

Indio tiñiendo ropa

Indios prensando lana

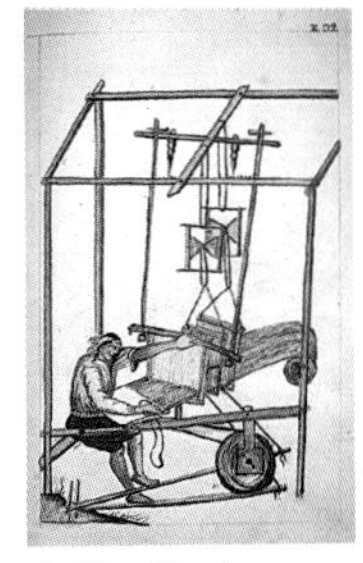

Indio tejiendo

Lavado

Martínez Compañón, (1735–1797) "Indios lavando lana"

La grasa (lanolina) de la lana favorece su hilado pero debe ser posteriormente eliminada mediante lavado para obtener una tinción pareja.

El agua debe ser lo más pura posible. El ideal sería el agua destilada (por eso es que los tintoreros antiguos y las tejedoras aborígenes reservaban el agua de lluvia para ese menester), pero basta con que no sea agua dura.

Para purificar aguas duras se las puede hervir durante un tiempo prolongado para decantar las sales, procediendo a cambiar de recipiente porque esas sales quedan depositadas en el fondo.

En nuestros días, desde los kollas a los mapuches, todos usan jabón en polvo, pero no era tan fácil hace un siglo.

En esa época se aprovechaban las propiedades de ciertos vegetales con contenido elevado de saponinas, sustancias con poder desengrasante y blanqueador, como el fruto del quillo (*Soleanum eleagnifolum*) y la corteza del quillay (*Bredemeyera colletioides*) en la zona cuyana.

Quillay (Bredemeyera colletioides)

La ceniza de jume ha sido utilizada desde hace genraciones para el lavado de ropas y es interesante explicar por qué. El jume, como el cachiyuyo blanco, crecen en suelos salados, absorbiendo importantes cantidades de sal en sus tejidos. Cuando se los quema, la acción del fuego libera el carbono y éste se combina con la sal produciendo carbonato de sodio que no es ni más ni menos que soda solvay, con gran poder detersivo. Con esas cenizas preparaban una lejía con la que lavaban.

Se conocen dos variedades de jume: *Allenrolfea vaginata* y *Suaeda divaricata*. Ambos son arbustos de diferente aspecto pero de propiedades comunes que las hacen agrupar como jumeáceas.

Con jume se fabricaba el jabón —hasta su reemplazo por métodos industriales— descomponiendo una materia grasa con el agregado de su ceniza. El jabón de jume de San Juan y aún las cenizas de jume fueron incorporadas a una publicación de 1865 respecto de los productos que la Argentina podría mandar a la Exposición Universal de París de 1867.

Quillo (Soleanum eleagnifolum)

Aunque se puede lavar con agua fría, lo mejor es hacerlo hirviendo la lana con los detergentes. El hilado no cambia su aspecto físico en tanto y en cuanto no lo tratemos con desconsideración revolviéndolo más de lo necesario. En ese caso se apelmaza, "se apana" dicen las criollas viejas.

Una vez que la lana ha perdido su lanolina debe ser enjuagada con abundante agua para iniciar el paso siguiente, aunque en zonas en que el agua es escasa, o no se quiere perder tiempo, o es preciso ahorrar combustible, se continúa usando el mismo baño para mordentar y teñir.

Algunos aplican primero el mordiente y después la tintura, otros lo hacen al mismo tiempo y no falta quien invierte el orden de los pasos.

Jume (Suaeda divaricata)

Mordentado

Martínez Compañón, (1735–1797) "Tintura azul"

Una vez lavada y desengrasada la lana entramos en el proceso tintóreo y para ello debemos dedicar un párrafo al mordentado, "amortiguado" o "enjebado", según usemos el término técnico o los modismos regionales. De Catamarca hemos rescatado "amortiguado" y "enjebado" corresponde a la zona cuyana. La función del mordiente es la de conferir mayor penetración del tinte a la intimidad del hilado y es responsable de la persistencia del color, que se denomina solidez (índice de resistencia a la decoloración por acción de la luz, el agua y el frote).

La orina, uno de los elementos utilizados como mordiente, debe estar fermentada. Lo que constituye su principio activo es la urea y los demás compuestos nitrogenados que contiene.

El más simple de los mordientes es la sal de cocina, el cloruro de sodio, y como es infaltable en todo hogar es que los métodos caseros de teñido con anilinas lo indican, pero no es el más confiable, dado que no confiere buena solidez ni penetración.

En todo el país sometían la lana a este baño antes de enfrentarla con la tintura, pero en el sur parecería ser que los mapuches calentaban el agua y luego diluían el colorante con el mordiente.

El alumbre (sulfato doble de aluminio y potasio), el cremor tártaro, el hollín, la herrumbre, el ácido acético, el vinagre (ácido acético diluido), el rovo (tierra de alto contenido en sulfato de hierro que se halla en subsuelos pantanosos) y hasta el ácido sulfúrico muy diluido son excelentes mordientes. Pero la lista no se agota aquí: la aloja de maíz por ejemplo, el afrecho de trigo fermentado y hasta la lejía de ceniza de jume, ya mencionada como elemento desengrasante, actúan como fijadores, aunque en algunos casos modifiquen el color obtenido. Otro postulado fundamental es la cantidad de agua necesaria: cuanta más, mejor. La proporción mínima aceptable es diez litros de agua para un kilo de lana pesada en seco.

Teñido

A la hora de sumergir las madejas en el baño tintóreo, éstas deben estar uniformemente mojadas, la tintura correctamente diluida en el agua de teñir y ésta calentada a la mayor temperatura posible. Se debe dejar la lana durante un tiempo prudencial, nunca inferior a una hora, y es recomendable que el baño se enfríe con la lana en su interior.

Hay una "maña" para aumentar el tono del color logrado, pasando la lana ya teñida por ceniza, frotándola para que ésta se impregne uniformemente y volviéndola a sumergir un rato más en el baño.

Alzate y Ramírez, (México 1777) "Indio recogiendo Cochinilla para tintura"

Posteriormente se debe enjuagar sucesivas veces hasta que el agua del enjuague salga limpia.

Actualmente, las anilinas han desplazado a los colorantes naturales *"Se tiñe con anilina en todas partes donde cruza el ferrocarril, trayendo las novedades de la civilización; se tiñe a la manera primitiva en las regiones ajenas a la influencia de aquella..."* (Fausto Burgos)

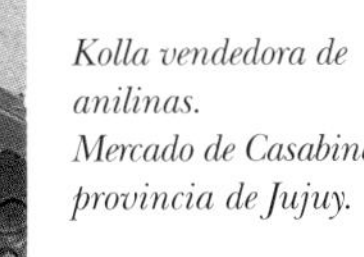

Kolla vendedora de anilinas. Mercado de Casabindo, provincia de Jujuy.

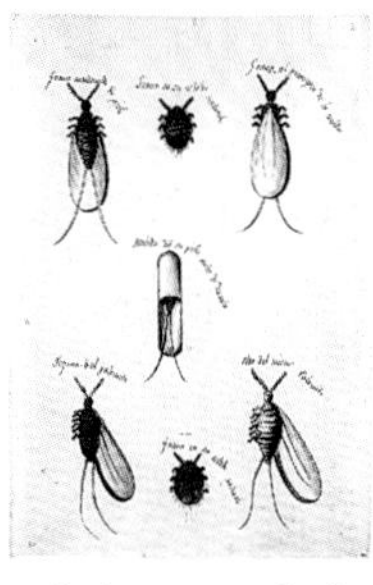

De todos modos nos parece importante comentar los elementos tintóreos utilizados por nuestros antepasados aborígenes.

Grana natural

Los "custodios del color" han sido en general los vegetales, pero no debemos olvidar algunos minerales (el óxido de hierro fija y tiñe a la vez proporcionando toda la gama de los grises), y dar su sitial de honor a la cochinilla, ese insecto hemíptero oriundo de México que proporcionó el color rojo más intenso conocido en esos tiempos, al punto de llegar a ser una de las materias primas más exportadas de América.

Grana molida

Las colonias de cochinillas (*Dactylopius Coccus Caota*), que se criaban sobre las pencas de los cactus (principalmente el nopal en Centroamérica y la tuna en nuestro país) eran recogidas en grandes cantidades por los aborígenes quienes la desecaban obteniendo "grana cochinilla".

Lana teñida

Cuando Córdoba organizó la Exposición Nacional de 1871, la grana cochinilla figura en el informe de recursos naturales remitido por la provincia de San Juan: "*La cochinilla (Coccus caota) es indígena en el Valle Fértil i en el Pedernal, en cuyos campos crece el cactus que alimenta a este insecto; pero no pasan de 100 arrobas de grana las que en el primero se cosechan al año, no siendo explotada en el segundo. Debe advertirse que el insecto, especialmente en el Valle Fértil es mui abundante y de tan escelente calidad como lo mejor de Santiago del Estero i La Rioja, siendo por consiguiente susceptible de aumentar la cosecha,*

sin trabajo alguno hasta dos mil i más arrobas de grana por año..."

El otro elemento que acaparó la atención de los europeos es el añil, arbusto leguminoso con cuyas hojas se prepara una pasta color azul. Su nombre científico es *Indigofera suffructicosa Mill.* o *Indigofera kurtzii Harms.* según la variedad que se encuentre.

"Piedras" de añil

Ambas crecían en zonas subtropicales y templado–cálidas, pero eran usadas por los pampas y araucanos del valle del Río Negro y de zonas aún más australes, lo que nos demuestra el intenso comercio que se ejercía en el continente americano antes de que Europa nos "descubriera"

Añil triturado

Dice Burgos: "1º) *Para extraer el añil se ponen los gajos triturados de indigófera añil, en barriles con agua, los cuales se mueven luego sin cesar, durante algún tiempo. El agua disuelve entonces la substancia colorante; se separa luego el agua de los gajos, se le agrega un poco de cal, y se la deja en contacto con el aire, para que la substancia colorante precipite.*

Lana teñida

2º) Sin amortiguar, poner los hilos en agua de añil: azul, o

3º) Amortiguar en alumbre; poner los hilos secos, en tinajas conteniendo orina, durante dos o tres días; sacarlos, refrescarlos mucho y exponerlos al sol durante un día, volviéndolos a refregar en seco; ponerlos nuevamente en orines frescos durante dos días, agregándole un saquito de añil, calentando a fuego lento y removiendo para que no se quemen; refriéguese nuevamente al extender: azul acero tornasol..."

Especies Vegetales Utilizadas como Colorantes

Ordenadas según el color obtenible:

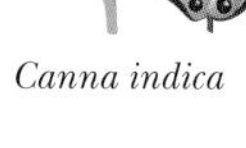

Canna indica

Scutia buxifolia

Hoffmanseggia falkarina

ROJO
Recordar que la cochinilla no es mencionada aquí por ser de origen animal.
Azafrán de la Puna (*Chuqiragua longiflora)*
Coronillo (*Scutia buxifolia),* fruto y corteza mezclados
Porotillo silvestre (*Hoffmanseggia falkarina)*
Ceibo (*Erythrina cristagalli),* flores
Achira (*Canna indica),* semillas
Socondo o Raíces Charrúas (*Gallium hirsutum)*
Roble Pellín (*Nothofagus obliqua)*
Relbún (*Relbunium hipocarpium, Hemsl),* raíces
Quintral (*Lorantus sternbergianus L.),* flores
Oxalidea (*Oxalis rosea)*

ROSADO
Palo de Santo Domingo o Tista–tista (*Randia pubescens)*
Coshque Yuyo o Palta (*Maytenus vitisidaea),* raíces
Laurel (*Laurus Nobilis, Laurelia aromática),* corteza
Roble Pellín (*Nothofagus obliqua),* corteza
Relbún (*Relbunium hipocarpium, Hemsl),* raíces hervidas con agua de mar

SALMÓN OSCURO
Lapacho (*Tabebuia araliacea*), aserrín, sin usar mordiente, hervir con un puñadito de soda solvay

MORADO
Piquillín (*Condalia lineata),* raíces
Quebracho colorado (*Quebrachia lorentzii),* aserrín

Hierba meona, Paiquillo, Ataco o Bledo (*Amarantus muricatus, Amaranthus quitensis*)
Cardón arbóreo (*Cereus forbesi*), todo
Abri–boca (*Centaurea melitensis*)
Mora morada o Mora negra (*Maclura mora*), fruto maduro da un lila

Lorantus sternbergianus

VIOLETA
Maqui (*Aristotelia chilensis*), todo
Palo Rosa (*Pterogyne nitens*), aserrín
Romaza (*Rumex romassa*), hojas y tallos
Amapola roja (*Papaver rhoeas*), flor

Laurus nobilis

ANARANJADO
Jume (*Spirostachys patagonica, Suaeda divaricata, Allenrolfea vaginata*), cenizas mezcladas con Contrayerba.
Muermo o Ulmo (*Eucriphia cordifolia cav.*)
Palalá
Romaza (*Rumex romassa*), raíces mezcladas con corteza de roble
Linquén (*Rocella tinctorea*)

Cereus forbesi

MARRÓN
Algarrobo blanco (*Prosopis alba*), resina contenida en la corteza
Algarrobo negro (*Prosopis nigra*), resina de la corteza
Visco (*Acacia visco*), corteza
Nogal (*Juglans australis*), corteza del fruto

Papaver rhoeas

LADRILLO
Quintral (*Lorantus sternbergianus L.*), flores, en cocimiento prolongado
Muermo o Ulmo (*Eucriphia cordifolia cav.*), corteza

LEONADO
Boldo (*Boldean fragans*), todo

Aristotelia chilensis

Schinus dependens

Berberis ruscifolia o Berberis buxifolia

Usnea barbata

Citrus limonium

AMARILLO
Tola (*Hyalis spartioides)*, extracto mezclado con orina
Pingo–pingo, Tramontana, Pico de gallo o Pico de loro (*Efedra tweediana)*
Toca del Norte o Sacha Huasca (*Familia de las bignonáceas)*, todo
Quilcha amarilla o Pichanilla (*Grindelia pulchella)*
Clavelilla (*Clavelillo Zinnia pauciflora*), flores
Aguaribay *(Schinus molle)*, hojas
Calafate o Quebrachillo (*Berberis ruscifolia, Berberis buxifolia)*
Sauce colorado o Sauce criollo (*Salix humboldteana)*, corteza
Barba de piedra o Barba de palo (*Usnea barbata)*, toda
Contrayerba, Valda, Chasca, Dauda (*Dorstenia contrayerba)*
Quejatulpuno (*Flaveria contrayerba)*
Azafrán de la Puna (*Chiquiragua longiflora)*
Chilca dulce (*Flourensia campestris)*, con alumbre como mordiente
Manzanilla silvestre (*Anthemis cotula)*
Mora (*Maclura mora)*
Michay (*Berberis congestiflora Darwin B.)*, todo
Boldo (*Boldean fragans)*, corteza y hojas
Maitén (*Maytenus boaria)*, aserrín
Voqui blanco (*Lardizabala biternata)*, tallos
Lapacho (*Tabebuia araliacea*), aserrín hervido
Coihue (*Nothofagus dombeyi)*
Limón (*Citrus limonium*), gajos
Huellén (*Solidago microglossa)*, flores

AZUL
Añil (*Indigofera añil, Indigofera suffructicosa Mill., Indigofera kurtzii Harms)*, gajos triturados
Acacia (*Robinia pseudo–acacia)*, hojas
Mata negra (*Atamisquea emarginata*), raíces

Romaza (*Rumex romassa)*, flor
Maqui (*Aristotelia chilensis)*, frutos

Celeste
Palque negro o Duraznillo negro o Hediondilla (*Cestrum parqui*), frutos maduros

Anthemis cotula

Verde
Chilca dulce (*Baccharis caliprinus)*
Jarilla (*Larrea divaricata*), gajos triturados
Añil (*Indigofera añil)* mezclado con Contrayerba (*Flaveria contrayerba)*
Michay (*Berberis congestiflora Darwin B.)*, hojas y trozos de tallos
Lingue (*Persea lingue*), hojas y ramitas verdes
Laurel (*Laurelia aromatica)* mezclado con Canelo (*Drimys winteri)*
Canelo (*Drimys winteri)*, madera triturada y hojas
Ñire (*Nothofagus antarctica)*, aserrín
Coihue (*Nothofagus dombeyi*), gajos triturados
Jume (*Suaeda divaricata, Spyrostachys patagonica*), raíces con alumbre
Tala (*Celtis espinosa, Celtis celowiana)*, madera triturada, usando orina como mordiente
Palda mezclada con añil
Tramontana (*Ephedra tweediana*), mezclada con jugo de naranja o con añil
Yerba mate (*Ilex paraguaiensis)*
Molle (*Duvava longifolia*), hojas mezcladas con herrumbre dan verde grisáceo

Indigofera añil

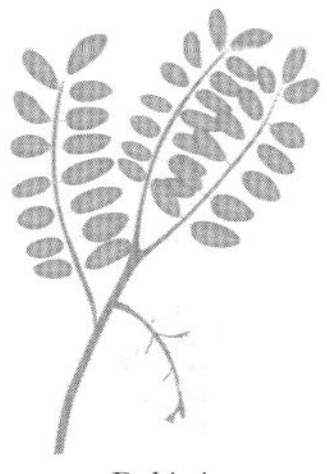

Robinia pseudo–acacia

Café
Mistol (*Zizyphus mistol*), corteza y raíces
Pelu (*Sophora tetraptera*), todo
Pelai (*Muhlenbeckia thamnifolia Meisn)*, ramas desmenuzadas

Radal (*Lomatia obliqua*), corteza
Lingue (*Persea lingue)*
Quintral (*Loramtus sternbergianus),* flores mezcladas con hojas de Maqui *(Aristotelia chilensis)*
Chañar (*Geoffroea decorticans),* cáscara usando alumbre como mordiente
Espinilllo *(Acacia atramentaria, Acacia caven),* madera triturada con alumbre como mordiente
Arrayán (*Eugenia uniflora, Luma apiculata*), corteza

Lingue (Persea lingue)

OCRE

Pitra (*Eugenia multiflora Hook*), madera triturada
Ulmo o Muermo (*Eucriphia cordifolia*), corteza
Aguaribay (*Schinus molle)*

Citrus limetta

GRIS

Molle de la Sierra o Molle Incienso (*Duvava longifolia, Duvava latifolia*), raíces
Quebracho (*Schinopsis lorentzi),* mezclado con sulfato de hierro
Bergamota (*Citrus limetta*), hojas hervidas y mezcladas con sulfato de hierro
Churqui (*Acacia cavenia)*
Tusca, Aromo, Churqui o Espinillo (*Acacia cavenia*), frutos
Granada (*Punica granatum*), cáscara
Chilco (*Fuchsia macrostema),* hojas
Lingue (*Persea lingue)*
Algarrobo blanco (*Prosopis alba*), corteza
Atamisqui (*Atamisquea emarginata),* cáscara
Hollín de cocina

Ulmo o Muermo (Eucriphia cordifolia)

PLOMIZO

Nalca o Pangue (*Gunnera chilensis),* raíces y tallo
Pangui (*Gunnera scabra, Urtica sp.),* raíces
Roble Pellín (*Nothofagus obliqua*), cáscara mezclada

con barro negro
Chilca (*Baccharis calliprinus, Flourencia campestris*)
Romaza (*Rumex romassa*), hojas y tallos

NEGRO
Quentitaco (*Prosopis adesmoides*), cáscara
Espinillo o Algarrobillo(vainas) Cebil, Sacha Cebil u Horco (corteza mezclada con sulfato de hierro) (*Atramentaria, Piptademia communis, Parapiptadenia excelsa*)
Guayacán negro (*Caesalpina melanocarpa*), fruto mezclado con sulfato de hierro
Paracá, Timbo u Oreja de Negro (*Enterolobilum timbouva*), frutos
Sacatrapo o Retortón (*Prosopis strombulifera*), frutos y raíces
Pangui araucano (*Gunnea scabra, Urtica sp.*), raíces y tallo
Huique (*Coriana ruscifolia Feuillée*), tallos
Maqui (*Aristotelia chilensis*), mezclado con hojas de Concho de Molejón
Cochayuyo (*Durvilea antarctica*), alga marina, carbonizada
Itin (*Prosopis kuntzei*), cáscara rallada mezclada con cáscara de Mistol
Hollín de leña hervido durante varias horas
Nogal de las provincias del norte (*Juglans australis*)
Voqui negro (*Muehlenbeckia hastulata*), corteza

Churqui (Acacia cavenia)

Huique

Voqui Negro (Muehlenbeckia hastulata)

Los Telares

Podemos definir un telar partiendo de la dinámica del tejido en telar, que es sencillamente el cruce recurrente de los hilos de urdimbre aprisionando en cada cruzada al hilo de trama. El telar es el elemento encargado de mantener alineados y estirados esos hilos de urdimbre, separados en dos planos para recibir el hilo de trama y cruzarse .

Ambos planos contienen un número igual de hilos de urdimbre, ya que están formados por la mitad de un par, y uno de los planos tendrá "lizos", que son cuerdas auxiliares que sujetan los hilos para facilitar el cruce en forma rítmica y mecánica sin tener que cruzar hilo por hilo.

Los telares aborígenes poseen lizos movidos manualmente, y si el ancho del tejido lo justifica, esos lizos se fijan o enhebran en una vara o caña para poder accionarlos a todos con un solo movimiento (tonon o tononhue para los mapuches).

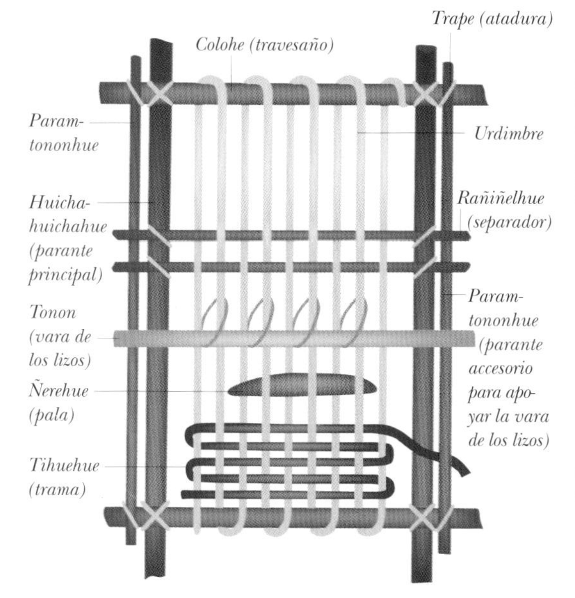

Los telares criollos, derivados de los traídos por los españoles, tienen otro tipo de lizos, accionados por pedales o por manijas colgantes.

Huitral (telar mapuche)

Telares Aborígenes

Telar mapuche

Son varios los tipos de telares que los indígenas de Sudamérica nos han legado, y los vamos a dividir en dos grandes grupos: verticales y horizontales.

Los verticales del norte argentino (Chaco, Catamarca) y los del Alto Perú (Tarabuco, Potolo) consisten en un cuadro formado por dos parantes y dos travesaños.

Los del sur argentino y chileno (*huitral*) tienen agregados dos parantes suplementarios para sostener la vara de los lizos (*tononhue* o *tonon*), que llaman *param–tononhue*.

Telarcillo de cintura

Actualmente se prefiere dividir los telares verticales en verticales propiamente dichos y oblicuos. Creemos que esta división tiene que ver más que nada con la longitud de los largueros del telar, porque si se apoya contra una pared tendrá cierta oblicuidad, mientras que si el apoyo es un tronco del techo de la *ruca* o rancho, tenderá a la verticalidad. También se vio (y aún se ve) en el sur argentino y chileno el telar vertical afirmado contra dos parantes oblicuos terminados en horquetas. Opinamos que tal diferenciación no es relevante por no incidir en la técnica del tejido.

Telar usado en las Punas boliviana y argentina

Hay otro telar vertical denominado de faja pampa o de tablillas. Son dos estacas verticales clavadas en el suelo, a una distancia equivalente a la longitud deseada para la faja a tejer. La urdimbre no es vertical sino transversal, posee generalmente un solo lizo y varias tablitas o palitas para mantener el cruce y para sostener los hilos elegidos para el dibujo.

Telar de cintura

Entre los telares aborígenes horizontales se destaca

el de suelo o de cuatro estacas clavadas firmemente en la tierra formando los vértices de un rectángulo.

Allí se traban los travesaños para mantener la urdimbre tensa, que queda casi tocando el piso. Aquí, los lizos apoyan directamente sobre la urdimbre, en tanto que en otro tipo se agregan dos horquetas para sostener la vara del lizo.

Como estas estacas están frecuentemente clavadas a cielo abierto, las tejedoras destraban por la noche la urdimbre, la envuelven y la guardan en su rancho, para volver a desplegarla al día siguiente.

Telar mapuche

A veces, la tejedora se sienta sobre la tela ya tejida a medida que va avanzando en el tejido, en tanto que en otras ocasiones opta por ir envolviendo lo tejido en el travesaño proximal o ayudada por otro palo "envolvedor". En este último caso, ata los extremos del travesaño distal a las estacas con una soga gruesa de lana y la soga se irá alargando a medida que la artesana se vaya aproximando al final de su labor.

Telar mapuche

También se consideran como telares horizontales los de cintura, es decir los que tienen un travesaño atado a un árbol o a un poste y el otro a la cintura de la tejedora.

El mayor ancho que se teje en los telares horizontales no excede los 0,85 m, por ser éste el alcance de los brazos de la artesana para pasar la trama.

Otro telarcito muy pintoresco es el "de dedo gordo". Aquí, la urdimbre se ata directamente al dedo gordo y el otro extremo a la cintura o al cuello. Antiguamente era la manera de confeccionar cintos, fajas y ligas con técnica de trenza chata. También se llama de esta forma al telar que tiene como travesaño distal un palillo que se aprisiona en el espacio interdigital de primero y segundo dedos de cada pie.

Telar de tablillas

Telares de Origen Europeo

Telar criollo de tejer toda laya de telas, usado en la Argentina, Perú y Bolivia (Burgos)

El telar llamado criollo es copia del de origen europeo traído por los colonizadores y tuvo gran difusión en el noroeste desde la Puna hasta Cuyo. Sigue siendo utilizado por las tejedoras de estas provincias. Consta de cuatro postes u horcones que sostienen dos largueros, sobre los que asientan los travesaños necesarios para sostener la soga de los lizos accionada por los pedales o las manijas; a veces tienen travesaños accesorios para colgar la caja del peine, pieza destinada a apretar la trama.

Los envolvedores se fijan con ataduras (similares a las coyundas) a la altura deseada por la artesana. A medida que se progresa en la producción del tejido, el envolvedor de la urdimbre se va desenrollando y el proximal va envolviendo la tela.

El telar criollo y primitivamente el europeo fueron utilizados en todos los obrajes textiles jesuíticos.

Juan León Pallière, (1823–1887) "Telar Criollo"

Así como en el norte y centro argentino, Cuyo, Bolivia, Perú y norte de Chile han usado telares horizontales, verticales y criollos (aunque la mayoría del noroeste Argentino eran criollos, en Bolivia y Perú horizontales de cintura y de cuatro estacas), en el sur fue y es excluyente el telar vertical, denominado huitral.

Telarcito para tejer alfombras

Otros Telares

Hay una invención criolla, llamada por Burgos "telarcito para tejer alfombras de felpa", que no es más que un bastidor horizontal con pies con travesaños anchos. La urdimbre es "circular", es decir, abraza los travesaños como si fuera una madeja sin fin. A medida que se va tejiendo, se va deslizando la tela hacia abajo y, cuando se obtiene la pieza deseada, se corta por la mitad la urdimbre que quedó sin tejer para constituir los flecos.

Flecos resultantes del telar flequero

Telarcitos flequeros los hay criollos y europeos. Los primeros son verticales, de dos estacas, complementados por un lizo y una tablilla para que la trama quede "sobrando" de uno de los bordes para servir como fleco; en tanto que los segundos difieren en que el lizo es un armazón rectangular con una rejilla cuyos palillos, de madera o caña o espina de pez, tienen una perforación central. Los hilos de un plano de urdimbre pasan por esos orificios, en tanto que los del otro plano pasan entre los palillos. Con sólo subir y bajar la cajita se forman los cruces para pasar la trama, que formará los flecos con ayuda de la tablilla mencionada.

urdimbre
trama
galón *fleco*

Telarcito flequero

Elementos Auxiliares

Las tejedoras usan elementos auxiliares para cumplir su tarea. En el norte, quechuas y aymaras usaban utensilios de hueso para acomodar los tejidos de faz de trama, en los que usaban hilos de lana muy fina. Llamaban *rockey* a una punta cuneiforme (*huihuina* en la puna), *huichuna* a un huesito de pata de vicuña con forma de horqueta, y *mathina* a una tablita con borde dentado.

Para los tejidos de faz de urdimbre, en cambio, necesitaban una pala de madera o de hueso que llamaban *kallhua* (*huinaza* en la puna jujeña).

Los mapuches, tehuelches y pampas (tejedores de faz de urdimbre) tuvieron a esta pala como elemento auxiliar insustituible e infaltable junto al telar, y la llamaban *ñerehué*.

Las palas eran anchas, como de 8 a 10 cm, de largo variable, para tejer ponchos o cualquier prenda que no fuera de cuatro bordes. En cambio, las tenían de diferentes anchos y tamaños, hasta llegar a ser casi cilíndricas, como un lápiz o aún mas delgadas, para cuando iban llegando a la zona en que una matra o un tejido de cuatro bordes dejaba pocos centímetros para hacer el cruce y pasar la trama.

Pala ancha y palas finas

Huihuina

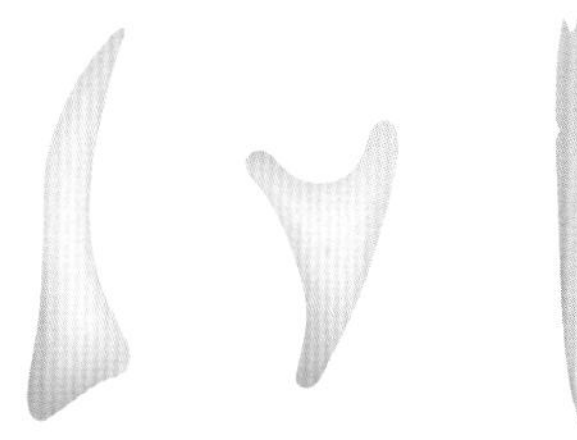

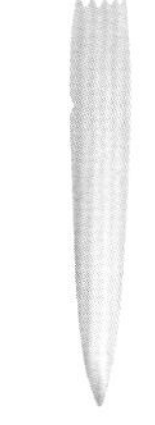

Rockey *Huichuna* *Mathina*

C. E. Pellegrini (1800–1875) "Indios trabajando"

El Tejido y las Técnicas

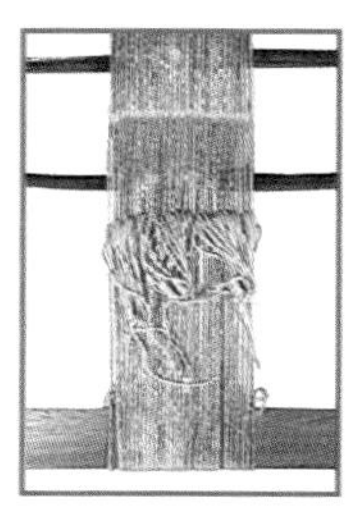

Urdimbre

La urdimbre es el grupo de hilos colocados longitudinalmente, guardando cierta tensión en el telar, de a pares para que puedan ser divididos en planos.
La trama es el hilo que corre de un extremo a otro del tejido, entre esos dos planos, que al cruzarse lo aprisionarán.
De la disposición de esos hilos surgirán piezas de diferentes características.

Faz de Trama
Se denomina así a aquellas telas en las que se ve la trama —o, mejor dicho, las tramas— y la urdimbre permanece oculta. Para lograr esto, los hilos de urdimbre se colocan en el telar con cierta separación, permitiendo que la trama se "quiebre" y quede a la vista, cubriéndolos. Esta técnica permite una variedad de diseños limitada solamente por la imaginación del tejedor. Un ejemplo de trabajos realizados en esta técnica son los tapices.

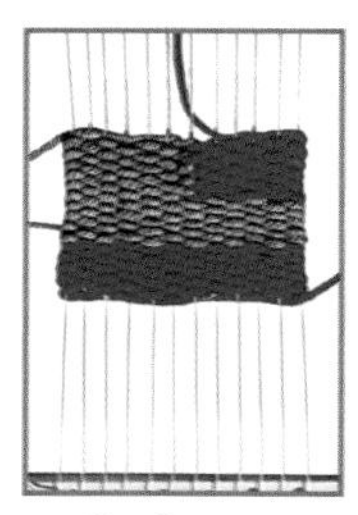

Faz de trama

Faz de Urdimbre
Las telas realizadas con esta técnica son aquellas en las que los hilos de la urdimbre se tienden en el telar uno junto al otro, sin dejar espacios libres; esto hace que la trama permanezca oculta. Aquí la variación de colores depende de los elegidos al urdir, y los diseños dependen de esta elección.

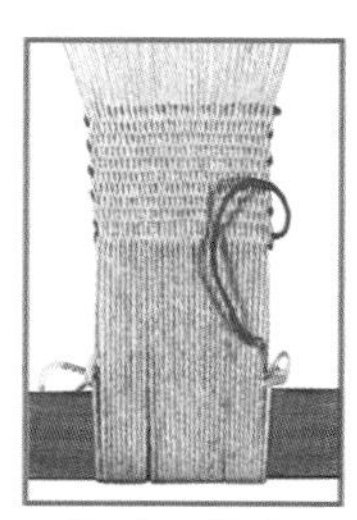

Faz de urdimbre (urdimbre blanca, trama roja)

Tejidos Balanceados
Llamamos así a aquellas telas en las que urdimbre y trama están a la vista. Introducido por los conquistadores, este modo de tejer podemos verlo en los barraganes, cordellates y picotes; distintos términos para identificar a este tipo de telas, diferenciándose

por su diseño. En muchos ponchos y mantas finas de vicuña, tejidas en telar criollo, también encontramos este tejido balanceado que se produce porque el apriete de la trama se hace con peine, lo que deja "luz" entre los pares de urdimbre, quedando así a la vista todos los hilos que componen la tela.

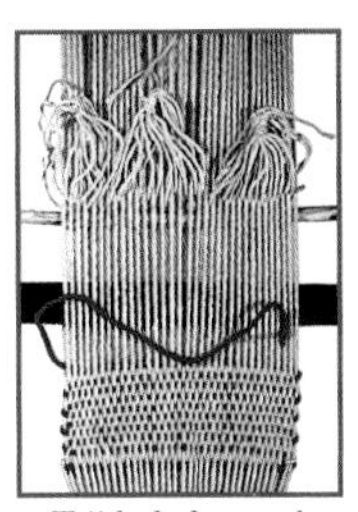
Tejido balanceado (urdimbre blanca, trama roja)

Tejido Llano

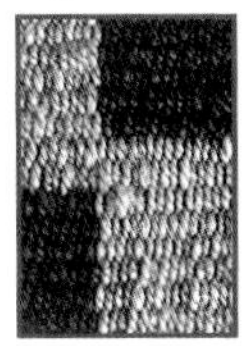

Es el tejido de faz de urdimbre sin labor más simple; muchos autores también lo denominan "punto de poncho" (aunque este término remite mentalmente a un tejido de agujas, muy lejos de lo que en este trabajo estamos mostrando). Se compone de pares simples (1:1) que permiten la ornamentación por listas y "guarda atada" (*ikat*).

El Peinecillo o Peinecilla

Es una variante del urdido que consiste en usar lanas de diferente color para cada uno de los dos hilos que componen cada par. A partir de allí el mero acto de tejer "levanta" en cada pasada uno de los dos colores, produciendo una alternancia que semeja los dientes de un peine. En este caso sigue siendo un tejido llano de características especiales, pero también, a partir del peinecillo, levantando ciertos hilos y bajando otros pueden obtenerse dibujos.

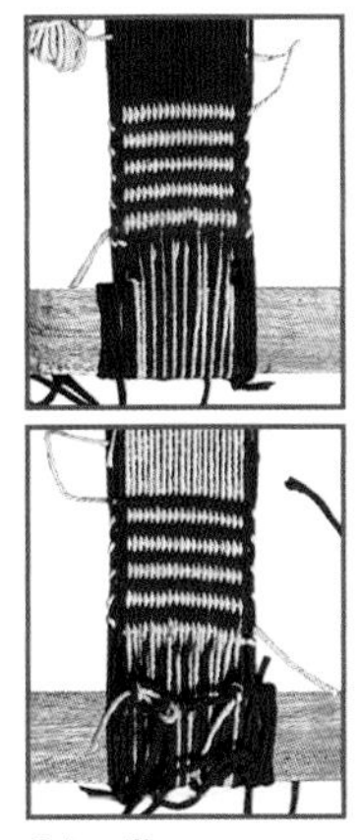
Peinecillo, anverso y reverso (urdimbre blanca y roja, trama blanca)

Con la técnica mapuche de urdimbre suplementaria se hacen matras, alforjas, fajas, trarilonkos (vinchas), ligas para bota de potro —ataderas, las llaman en Cuyo— y algunos ponchos.

Tejidos de Urdimbre Suplementaria

Se define como urdimbre suplementaria a la que está formada por hilos que participan de la ornamentación de la pieza pero que no forman parte de la estructura.

¿Cómo comprobar esto?

Si a una tela tejida con esta técnica le quitamos los hilos que "dibujan", la pieza no pierde su estructura,

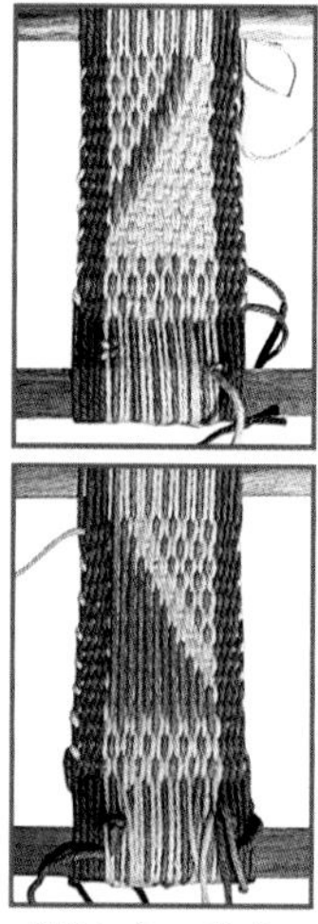

Tejido de urdimbre suplementaria (falsa doble faz) (anverso y reverso)

pero tiene una particularidad: los hilos de urdimbre que la conforman no se cruzan uno a uno, como en el tejido llano (1:1), sino dos a dos (2:2).

En esta técnica los pares de urdimbre se componen de tres hilos, aunque los elementos del par siguen siendo dos: uno, el hilo que dibuja, en general de color vivo, y el otro, mayoritariamente de color crudo, formado por dos hilos colocados a los lados del anterior, paralelos entre sí.

Tejidos de Urdimbre Complementaria

La urdimbre complementaria es aquella que no sólo "dibuja" sino que, además, es parte estructural de la tela obtenida. Los tejidos obtenidos presentan mayor espesor —doble— ya que los hilos se ordenan en dos capas superpuestas. Un corte longitudinal de la tela mostraría cuatro hilos superpuestos, en lugar de los dos que determinan el tejido llano. Se trata de una urdimbre de pares dobles. En el ámbito argentino existen dos tipos de telas surgidas de este modo de urdir: el laboreo, una tela de doble urdimbre y trama única, utilizada en la ornamentación de ponchos, fajas, alfombras —*lamas*, en lengua mapuche— y alforjas; y el tejido tubular, o doble tela, utilizado exclusivamente en la confección de fajas.

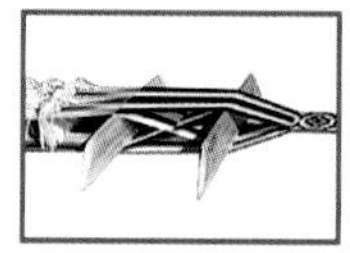

Tejido de urdimbre complementaria

Doble Faz y Falsa Doble Faz

Los tejidos de doble faz son aquellos en los que anverso y reverso presentan la misma decoración, pero de colores alternados (positivo–negativo). Pertenecen a esta categoría los tejidos realizados por urdimbre complementaria (laboreo y tubular).

Para que una tela sea considerada de doble faz es condición necesaria que a cada hilo que dibuja en el

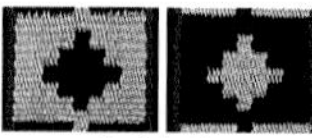

Doble faz

Falsa doble faz

anverso le corresponda uno de color contrario en el reverso.

Las telas de urdimbre suplementaria se clasifican como de "falsa doble faz", ya que no cumplen con la condición anterior aunque parezca que sí lo hacen. En ellas los hilos que dibujan pasan del haz al envés, según lo requiera el diseño, pero no tienen un par que los reemplace en la cara opuesta, sólo aparece una ausencia que permite ver la trama; es por esta razón que, salvo contadas excepciones, la trama es del mismo color que la base del tejido, en general, de color crudo o similar.

Tejido de cuatro bordes, forma de atar la urdimbre

Tejidos de Cuatro Bordes (o cuatro orillos)

En todas las culturas prehispánicas las tejedoras confeccionaban prendas, no telas. Es el criterio europeo el que incorpora el concepto de tejer telas para confeccionar prendas a partir de ellas. Es éste el primer criterio para distinguir un poncho criollo de uno "de la tierra"; los primeros tienen, indefectiblemente, dobladillos en sus extremos, en tanto que los segundos son con flecos de urdimbre o tejidos a "cuatro bordes".

El tramado se inicia en el limite de la urdimbre contra el travesaño

En estas telas, la tejedora debe comenzar a tramar desde el borde mismo de la urdimbre; para ello es imprescindible que los palos del telar queden por fuera de los hilos; y esto se logra atando uno por uno los pares de urdimbre, quedando éstos por dentro del telar.

Se inicia el tejido por ambos extremos, terminando la tela en alguna parte de ella, cambiando las herramientas a medida que el espacio se reduce, concluyendo la labor mediante el uso de agujas.

Borde inferior de tejido de cuatro bordes terminado

Flecos de Urdimbre y Flecos Perimetrales

Fleco de urdimbre o estructural

Ponchos y fajas presentan flecos en su terminación. En las prendas correspondientes a la cultura mapuche unos y otras tienen flecos de urdimbre, también llamados estructurales; éstos no son más que los hilos de urdimbre que asoman en ambos extremos de la tela, retorcidos entre sí dando terminación a las prendas. En los *trarihues* —las fajas femeninas mapuches— los encontramos trenzados y atados en dos grupos, formando parte importante de la ornamentación, con un largo superior a los 30 cm.

Fleco perimetral aplicado sobre borde de terminación (cuatro orillos)

En los textiles "incaicos" —quechuas y aymaras— los ponchos presentan flecos perimetrales en los cuatro bordes. Éstos se tejen aparte, contenidos en un galón o cinta, formados por la trama que sobrepasa el ancho de esta cinta. Dicho galón se cose convenientemente alrededor del poncho para ornamentarlo. Suelen ser policromos, de colores vivos, y su largo no supera los tres o cuatro centímetros.

En los ponchos criollos los flecos también se agregan del mismo modo que en los incaicos. Son monocromáticos, combinados con el color predominante en la prenda, y su largo es algo mayor que en los incaicos.

El modo de tejer estos galones con flecos ya fue explicado en la página 49, donde tratamos sobre los distintos tipos de telares.

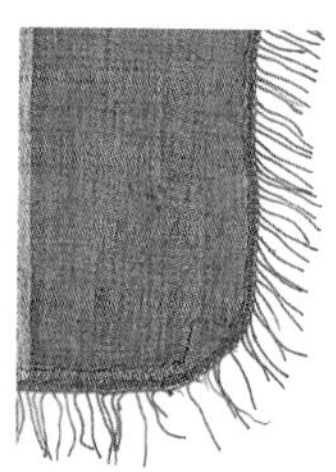

Fleco perimetral aplicado sobre borde dobladillado

Existe también otro tipo de flecadura que encontramos en textiles arqueológicos, y que ya no se hace. Se trata de los flecos "de cinta" (ver pág. 9 y 11), en los que al principio y al final de cada prenda se teje con varias tramas que toman, cada una, un pequeño número de pares de urdimbre, produciendo telas separadas y contiguas. Oportunamente, el o la tejedora puede abandonar estas tramas múltiples continuando con una sola en todo el ancho de la urdimbre, originando, ahora sí, una única tela.

Guarda Atada o "Ikat"
Éste es un proceso de ornamentación producido al teñir. La tejedora decide un diseño y, de acuerdo a él, va atando distintos grupos de hilos de urdimbre para que la tintura no penetre en estos sectores atados; los mapuches lo llaman *trarikán* y los quechuas *huatay* (en ambos casos estos términos significan "amarrado").

Luego de haber hecho todas las ataduras necesarias quita la urdimbre del telar, tomando la precaución de colocar una cuerda (atando sus extremos entre sí, manteniendo un lazo holgado para no perjudicar el teñido) por donde va cada uno de los dos palos que la sostienen, reservando así su posición para facilitar la colocación posterior, luego de haber terminado el proceso de teñido.

Se utiliza esta técnica para confeccionar ponchos, mantas y alfombras. En la cultura mapuche, los ponchos ornados con esta técnica están destinados a los caciques o gente de linaje; se los denomina *Trarikán-makuñ* (*trarin*: amarrar; *makuñ*: poncho).

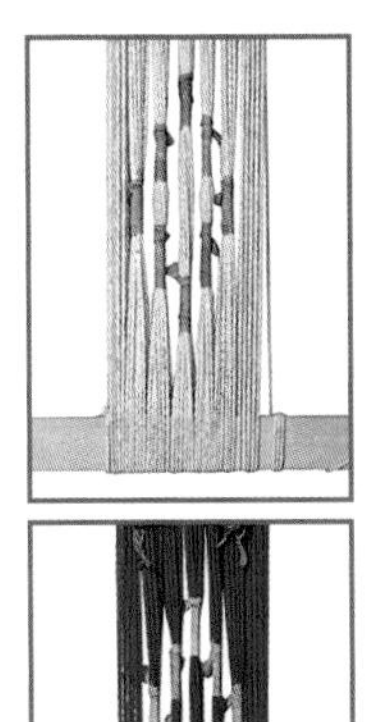

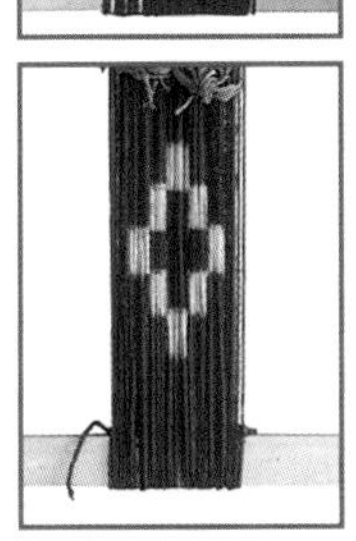

Secuencia de atado, teñido, desatado y tejido de ikat.

Ponchos

La etimología de la palabra "poncho" es incierta.

Lo definiremos como una pieza de forma cuadrangular con una abertura longitudinal en el centro, en el sentido de la urdimbre, destinada a pasar la cabeza.

Dispersión etnográfica del poncho y prendas análogas
- *Área sud y mesoamericana*
- *Área de la camisa de cuero tipo poncho*
- *Esquimales*
- *Poncho de corteza de cedro*
- *Tibet y Mongolia*
- *Borneo, Formosa*
- *Micronesia*
- *Siria*
- *Germanos*
- *Área originaria de la pénula, casulla tabarro y dalmática*
- *Sierra Morena*
- *Canarias*
- *Guinea francesa, portuguesa y Camerún*
- *Lapones*
- *Cazadores del norte de Rusia.*

De tal manera cubre desde el cuello todo el tronco, los brazos y una parte de las piernas acorde a sus dimensiones y a la talla del usuario (algunos, procedentes de Chile o del Alto Perú, actual Bolivia, no llegan más allá de la cintura, en tanto que otros son denominados "talares" porque llegan casi a los talones). Fue y es utilizada como vestimenta en las zonas rurales de la Argentina y países vecinos.

En América del Sur, el uso del poncho se encuentra difundido en toda la región andina, a ambos lados del macizo montañoso, con vastas proyecciones hacia la llanura amazónica desde Colombia y pampeana desde la Argentina, fenómeno que tuvo lugar en épocas postcolombinas.

Poncho precolombino

Juan Manuel Blanes (1830–1901) "Gaucho Solitario"

La zona de hallazgos de ponchos arqueológicos es mucho más pequeña, limitada al noroeste argentino, la Puna de Atacama y la costa del Perú, con la posibilidad de que haya sido más amplia en tiempos prehistóricos, sin constancias fehacientes hasta nuestros días.

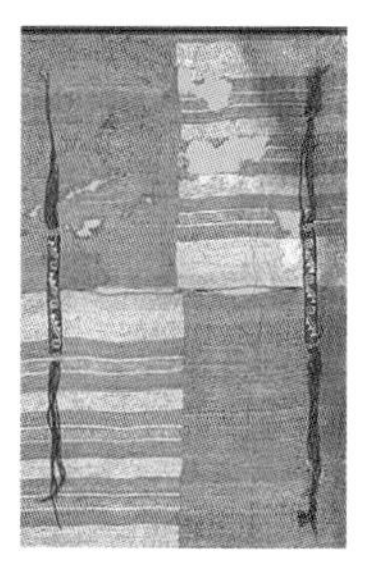

Detalle de la boca del poncho de la momia de Angualasto, Museo Etnográfico Juan B Ambrosetti

Si nos remontamos a la era pre–cristiana, se los ha encontrado en Paracas, en la costa del Perú, con una datación de cien años antes de Cristo.

El poncho recorrió un largo camino en el tiempo hasta llegar al de la momia de Angualasto (República Argentina, Provincia de San Juan, 1200–1400 DC) y no menos en la geografía, ya que se extendió hacia el sur por el corredor andino, con un impulso especial en el siglo XVI, cuando Tupac Inca, el décimo monarca de la dinastía, incorpora el noroeste argentino y Cuyo al Tahuantinsuyo y transmite la cultura textil que ellos habían adquirido de civilizaciones mucho más antiguas como la de Tihuanaco.

Momia de Angualasto, Museo Etnográfico Juan B Ambrosetti

Si bien la existencia del poncho fue demostrada en la era pre–cristiana, esta prenda parece haber tomado auge después de la llegada de los conquistadores a América, popularizada, principalmente, por los padres misioneros por razones estéticas y de pudor, para "cubrir las desnudeces" de los aborígenes, y por los comerciantes españoles porque, sumadas a sus motivaciones económicas, en su deambular por los pueblos, sus baúles cargaban el valor agregado de la divulgación de usos y costumbres.

María Delia Millán de Palavecino, citando a Vidaurre (escritor peruano, 1772–1841), expresa que éste creía que la introducción del caballo causó la intensificación del uso del poncho por la mayor comodidad de los movimientos.

F. Paucke S. J. (1719–1779) "Llamas y guanacos"

"Con la obra evangelizadora de las misiones, en el siglo xvi y xvii, que se implanta el uso general del vestido entre los indios, se crea el hábito disciplinado de la obtención y preparación de los textiles, tejido de telas y de ropas, se tiende a uniformar los vestidos y de lana o de "pobre lienzo de la tierra" se provee de ropa a los indios. Este traje resultaba un distintivo del indio misionero, por estar dentro de las formas del traje español; y componíase de pantalón, chaqueta y poncho. Tal es el panorama del uso del poncho aborigen entre los araucanos, los patagones y los chaquenses en el siglo xvii.

Las crónicas de esta misma época relatan que, ocasionalmente, en los azares de la conquista, los españoles privados del suministro habitual de vestidos, se vieron obligados a adoptar ropas y prendas indias. ***El poncho comienza a difundirse como un cómodo sustituto de la capa española.****"*

Mucho se ha escrito sobre esta noble prenda, sinónimo de sudamericanismo en nuestros días, pero intentaremos dar una idea de la universalidad del poncho en sus orígenes y para ello abrevaremos del trabajo "El Poncho", estudio etno–geográfico, de María Delia Millán de Palavecino, en el que esta infatigable investigadora argentina contemporánea ha amalgamado con total rigor científico sus observaciones de campo y las recogidas en búsqueda bibliográfica de autores de todo el mundo.

Resaltamos esta última frase porque deja en claro que el poncho no deriva de la capa española, sino que —por necesidad o preferencia— la reemplaza en el vestuario de los conquistadores europeos. Este nuevo mercado y la influencia de los padres misioneros (en especial los jesuitas) son los dos factores iniciadores del "mestizaje" en los diseños de los textiles provocando la convivencia de motivos puramente americanos con figuras ornamentales derivadas de blasones heráldicos de las casas reinantes en Europa, tal como el águila bicéfala de la Casa de Austria o la flor de lis borbónica.

F. Paucke S. J. (1719–1779) "Fiesta en San Javier"

R. Ramos "Ceferino Namuncurá", 1993

El abate Juan Ignacio Molina, en el *Compendio de la Historia Civil del Reyno de Chile* (Madrid, 1795), explica que *"cada una de las esposas del cacique es obligada también a dar al marido todos los años a más del vestido necesario, una de aquellas mantas que ya hemos dicho se llaman ponchos, los cuales hacen uno de los principales ramos del comercio Araucano".*

R. Ramos "Con rumbo al Neuquén" 1991

Ese negocio fue rápidamente captado por los comerciantes españoles ya citados, que hacían una gira anual por las comunidades aborígenes, obtenían estos tejidos por trueque con otras mercancías y luego los vendían en las ciudades.

El sacerdote jesuita Florian Paucke, en el siglo XVIII, hablando de la vestimenta de los guaraníes, comenta: *"...la vestimenta consiste en un par de pantalones, con un corpiño y un paño tejido que generalmente es de un largo de tres varas y de un ancho de dos. Este paño blanco tiene en el centro una abertura por la cual el indio puede meter sin dificultad la cabeza, este paño cuelga hacia abajo sobre los hombros y los brazos para que cubra todo el cuerpo hasta las pantorrillas, también a los lados está guarnecido con flecos blancos de algodón. En tiempo de invierno llevan también tales mantas tejidas de lana."*

F. Paucke S. J. (1719-1779) "India con lanza"

De su recorrida por la zona geográfica comprendida desde el sur de Buenos Aires hasta la cordillera, comentó: *"...no tenían mantas velludas sino que estaban ceñidos por una pequeña alfombra tejida que colgaba hasta las rodillas; otra mayor cubría su cuerpo superior y tenía en el centro una abertura por donde ellos metían la cabeza y dejaban colgar la alfombra hacia abajo por sobre el cuerpo".*

Respecto de la introducción del poncho entre los aborígenes mocobíes de Santa Fe, fue este misionero quien se ocupó de instruir a las indias en el proceso del hilado, el teñido y el tejido, técnicas éstas extrañas para ese grupo étnico. Dejó señalado el intercambio de tejidos con el Paraguay, expresando en una nota que enviaba *"setenta y tres mantas terminadas y elaboradas por primera vez por indias, recibiendo en cambio cuarenta y ocho quintales de yerba paraguaya y quince quintales de tabaco"*.

Juan Manuel Blanes, (1830–1901), sin título

Los tejidos del sur hicieron su irrupción masiva en los años de la conquista del desierto, campaña militar comandada por el Gral. Julio Argentino Roca (1843–1914) destinada a someter a las huestes de los caciques hostiles que dominaban la Patagonia, cuando las tribus pampas "amigas" se establecían por dentro de la línea de fortines y, mientras los hombres trabajaban como peones en las estancias, las mujeres producían matras y ponchos. Tras la derrota definitiva, miles de indios fueron llevados como cautivos y entregados a familias pudientes, como lo atestigua el relato de doña María Leuvú sobre los indios que fueron entregados al indio Ramón Cabral, fiel al general Roca: *"Los cautivos fueron arreados todos a Buenos Aires y entregados a distintas familias. Quintuillán [su madre] fue entregada con su abuela, que entonces era joven, a una familia con dos indias más. En la casa les daban lana que traían de afuera para que se entretuvieran hilando, entre ellas prepararon un telar e iban saliendo los ponchos y las matras. A veces las llevaban a la tarde hasta una plaza cercana para ver árboles y como no sabían castellano los acompañaba una mujer negra que había en la casa."*

A esa época de ruptura de fronteras corresponde la penetración y difusión, entre los criollos, de los ponchos "pampas" o "de guarda atada", como se ha dado en llamar a los de dibujos cruciformes o escalonados obtenidos por medio de la técnica del *ikat* o *ikaten.*

Por tal motivo, podemos sostener que los ponchos con ornamento de listas y/o calles de laboreo, provenientes en su mayoría de las provincias del norte, entre las que se incluían las del Alto Perú (aún después de la declaración de su independencia en 1825), fueron los comúnmente utilizados hasta pasada la primera mitad del siglo XIX.

Emeric Essex Vidal describió de esta manera los ponchos usados en Buenos Aires, en sus escritos datados entre 1816 y 18:

"Aunque el poncho es de uso tan difundido, se cree que en toda la extensión de la provincia de Buenos Aires no existe una sola fábrica criolla de este artículo. En Salta, Perú, que es famosa por la fabricación de ponchos , se les hace de algodón y muy hermosos y de altos precios; pero los hechos por los modestos indios de las Pampas [llanuras] son de lana, tan fuertes y tupidos que resisten las lluvias más copiosas y son también de original y hermoso dibujo; su color es por regla general sobrio y duradero, aunque los indios poseen tintes brillantes que aplican para otros artículos. Los indios, sin embargo, no usan mucho el poncho."

El naturalista francés Arsene Isabelle dice del poncho en sus crónicas recogidas entre 1830 y 1834:
"Es una pieza de lana o algodón, o de lana mezclada con algodón, pero más corrientemente de pura lana, rayada de diversos colores; tiene siete palmos de ancho y doce de largo, con una abertura de un pie en el medio para pasar la cabeza."

Emeric Essex Vidal (1791–1861) "El Cabildo" (detalle)

Las Partes del Poncho

llanca (refuerzo)

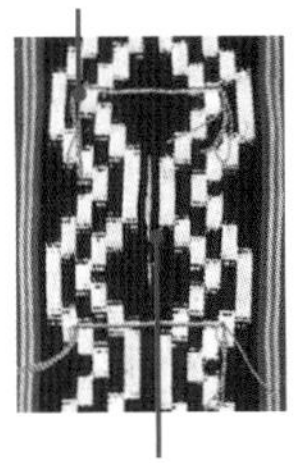

La abertura por donde se introduce la cabeza se denomina boca.

Las listas son las columnas de diversos colores.

Se denomina campo o pampa al color de fondo de un poncho; sobre él irán colocadas las listas.

Las guardas o columnas de representación son sectores de urdimbre suplementaria o complementaria destinadas a las tareas de labor con que se ornamenta la prenda.

Se denomina lista atada o guarda atada a las columnas de ikat, siempre que estén separadas por sectores de campo o por listas de colores; cuando la guarda atada cubre todo el poncho se los suele llamar "tapados de guarda atada" o "tapados de cruces".

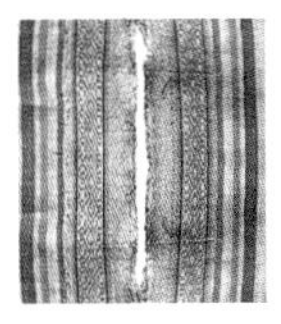

Boca de laboreo (poncho jesuítico)

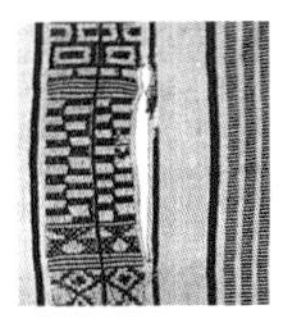

Boca de diseño excéntrico (poncho pilagá)

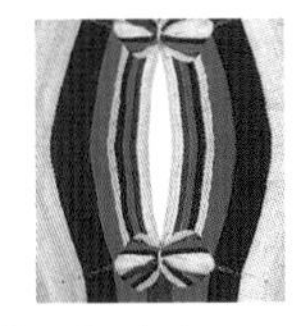

Boca de wincha con moño (poncho mendocino)

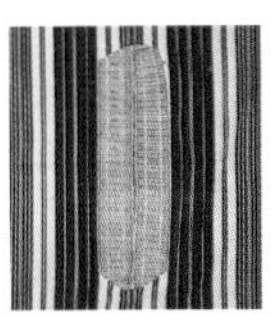

Boca de galón (poncho de 60 listas)

Ponchos del Norte

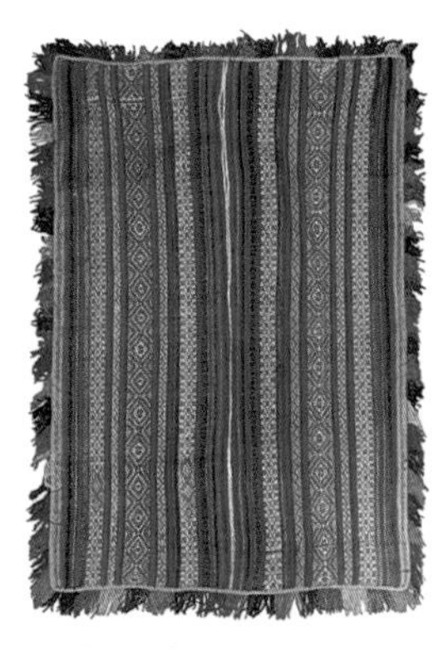

Como regla general, debemos tener en cuenta que los ponchos del norte, argentinos y altoperuanos, son de dos paños con unión central. Los telares en que se tejen son horizontales, pero en nuestro país se usa el telar criollo, adaptación del español, en tanto que en el Alto Perú (hoy Bolivia) se usa el aborigen de cuatro estacas.

Poncho altoperuano

Otra diferencia es la técnica en sí. Las tejedoras argentinas urden un largo equivalente al doble del poncho que desean confeccionar y tejen esa tela en un solo tiempo por razones de practicidad. Al terminarla, la sacan del telar, la cortan al medio, enfrentan los dos paños obtenidos y los cosen respetando el espacio para la boca. Seguidamente dobladillan los bordes superior e inferior para darles terminación y aplican un fleco a todo el perímetro.

Poncho altoperuano

Ese fleco se teje aparte con el telarcito flequero (pág. 49).

En el altiplano boliviano, cada paño es urdido y tejido por separado, como una pieza única, de cuatro orillos. El segundo paño será imitación del primero, por eso, debido a lo rudimentario de la técnica, nunca será exactamente igual, y aunque muchas veces lleva fleco aplicado a todo el perímetro, la pieza conserva su valor estético y su aspecto de terminación aún si por razones de desgaste o gusto personal le fuera quitado.

Poncho peruano

Podemos afirmar que los mejores ponchos del norte argentino han salido de Catamarca, aunque todas las provincias de la región han tenido —o tienen aún— producción textil artesanal.

Poncho altoperuano de vicuña

Poncho de catamarca

Poncho santiagueño

B. Franklin Rawson (1819–1871) "El escobero"

Los diseños de las piezas argentinas muestran listas en su mayoría; los ponchos tradicionales de la provincia de Salta, por ejemplo, son de color rojo–morado con una lista lateral negra, pero no faltan los ponchos con guarda atada o *ikat* y los de argollas, teñidos con técnica plangit.

Poncho salteño

Los ponchos altoperuanos tienen una diversidad de diseños ornamentales realmente importante y muchos de ellos son de lana de alpaca.

Listas, guarda atada (*huatay o huatado*) y laboreo de doble faz (*pallai*) pueden coexistir en una sola pieza, dependiendo su ornamentación de la región de origen. A veces llevan fleco perimetral, otras galón con laboreo, algunas, las más importantes, galón y flecos, en tanto que muchos ponchos llevan ribete o carecen de aditamentos.

Poncho jujeño

Los ponchos y mantas de vicuña provenientes de Belén, Catamarca, son legendarios por la delicadeza y la finura del tejido, herederas las artesanas de la mística de los tejedores de *cumbi* (tejido de altísima calidad) para el Inca. Los ponchos generalmente son tejidos en dos paños, en tanto que las mantas en uno solo; ambos se dobladillan y llevan fleco perimetral aplicado.

El ornamento más importante de estas piezas es el bordado con hilos del mismo material.

En Bolivia, los ponchos de vicuña son más pesados, de cuatro bordes, siempre tejidos a dos paños y raramente se los ve bordados. Antiguamente, a pedido de algunos terratenientes, se los tejía formando conjunto con una chalina.

Poncho salteño

De los telares del noroeste argentino también han salido ponchos de seda, pero en número muy limitado y como piezas de excepción, a veces combinando esta fibra con lana de vicuña, de oveja o de hilado de algodón.

Ponchos Del Sur

Telar mapuche

Los primeros conocidos han sido de cuero, confeccionados con cuero de guanaco o de zorrino, que las indias sobaban frotándolos vigorosamente con hígado crudo previamente mascado. Luego los cosían con finas hebras de tendones y los estiraban hasta disimular sus costuras casi a la perfección.

Logrado esto le daban terminación pintándolos (generalmente en rojo y negro) y representando diversas figuras, habitualmente geométricas.

Emile Lassalle (1813–1871) "Patagón y Patagonas"

También de cuero han sido algunos ponchos gauchos, pero éstos eran confeccionados con un cuero de potro bien sobado, sin costuras, tipo capa, circulares o de ángulos redondeados

Después del poncho de cuero hizo su aparición el poncho de lana, tejido a mano por los indios del sur en sus telares verticales. Las lanas provenían de camélidos (guanacos) y, luego de la llegada de los españoles, de ovejas.

Poncho listado

De gran belleza y valor artesanal son los llamados popularmente "pampas" aunque su denominación real sea la de ponchos de guarda atada o amarrada, pero otros exponentes de gran jerarquía son los que ostentan guardas o calles de laboreo, ya sea esta labor de doble faz (urdimbre complementaria) o

Sobremakuñ

de falsa doble faz (urdimbre suplementaria). Estos últimos son los llamados mapuches (todos son mapuches, pero aceptamos la denominación pampa para los de los grupos que poblaron la pampa, mapuche para los del sur argentino y araucano para los mapuches del sur de Chile).

Los ponchos de guarda atada son generalmente de color negro, azul–negro o borravino y sus diseños ornamentales, cruces o rombos escalonados, conservan el color de la lana cruda o natural.

Lo mismo vale para los ponchos con calles de laboreo y/o listas, pudiendo sumarse combinaciones de negro, blanco y borravino.

Poncho de listas

En el sur, los ponchos se tejen en telar vertical, en un solo paño, teniendo que prever la boca al llegar a la zona correspondiente, para continuar tejiendo con tramas discontinuas de punta a punta de la misma (aproximadamente unos 30 a 35 cm). Los extremos de la boca llevan un refuerzo llamado llanca (ver pág. 65). La otra gran diferencia con los del norte la constituyen los flecos, que en los del sur son continuación de la urdimbre (flecos de urdimbre o estructurales), es decir, existen solamente en ambos extremos y son parte indisoluble del tejido, mientras que los norteños son aplicados y se los ve en todo el perímetro de la prenda.

Poncho de listas

En cuanto a las medidas, las dimensiones ideales de los ponchos son 180 cm de largo por 140 cm de ancho, pero vemos ponchos antiguos de dimensiones mucho menores sin que por eso dejen de ser auténticos. La voz aborigen para nombrarlo es "*makuñ*". Así fueron denominados los más simples, sin adornos o con una lista de color a lo sumo.

El *wirikan–makuñ* (*wirin*=lista) es el poncho listado, y como su nombre lo indica está formado por listas de varios colores repetidos en un orden preestablecido. Los más vistosos son los que alternan rojo oscuro, amarillo oro y azul oscuro, pero los hay de otros colores, incluso en tonos de lanas beige a marrón oscuro, combinados haciendo contraste o en degradé. Pueden llevar flecos o no. Estos últimos son los más valiosos ya que son tejidos con técnica de cuatro orillos.

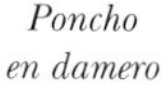

Poncho en damero

El *ñimin–makuñ* (*ñimin*=dibujo obtenido por tejido) es el poncho con laboreo, técnica también denominada "andina" o "araucana", que produce figuras de doble faz y es exactamente la usada en las fajas araucanas o trarihues.

Estas piezas pueden ser más o menos complejas, y llevar dos o más guardas, o ser tejidas íntegramente de esta forma, tal como los ponchos en damero, totalmente cuadriculados.

Lo más difícil de esta técnica es que el tejido de la guarda no lleva el mismo ritmo que el resto del poncho, el tejedor debe prestar atención mientras teje.

Poncho de laboreo

Llegando al popularmente llamado poncho pampa, dejemos en claro que su técnica es realmente araucana —nos referimos a los mapuches chilenos— y cruzó la cordillera junto a sus ejecutores, los que a su vez, seguramente, aprendieron de los aborígenes del norte (¿incluso de los incas?).

Se trata del *trarikan–makuñ* (*trarin*= atado) o poncho de guarda atada. No es para menos lo de su prestigio. Las tejedoras pasaban varias semanas preparando el dibujo antes de empezar a tejer.

Primero, con lana sin teñir, armaban la urdimbre, es decir los hilos verticales. Luego procedían a hacer atados de pequeños grupos de hilos de urdimbre (de 10 a 20) por 4 a 6 cm de largo, recubriéndolos con una tierra blanca arcillosa mezclada con agua, llamada *mallo–mallo*, y amarrándolos con fibras vegetales o lana.

Ya es difícil explicarlo; repetirlo dibujando escaleras, cruces y rombos se hace algo más complicado, y llegar a hacer entre 400 y 1600 ataduras, como llevan los más complejos, es un arte para expertos.

Poncho de guarda atada y laboreo

Hay que teñirlo, para lo cual se retira del telar y se sumerge en la tinta. Luego del teñido se vuelve a poner en el telar y se comienza a tejer, previo desatado de las guardas. El desatado debe hacerse a medida que se necesita para progresar en el tejido, pues si se sueltan todos los hilos antes de comenzar a tejer, éstos se van corriendo y dan figuras desparejas y de contornos borrosos.

A partir de ese momento sólo falta tejer en forma mecánica hasta terminarlo, siempre con flecos de urdimbre.

Poncho de guarda atada y listas

Poncho de guarda atada

Los diferentes diseños ornamentales pueden coexistir en la misma pieza.

Tendremos entonces un *trarikan–ñimin–makuñ* si es un poncho de guarda atada y laboreo, un *wirikan–ñimin–makuñ* si es de listas y laboreo, un *wirikan–külatrarin–makuñ* si es de listas y guarda atada y un *wirikan–ñimin– külatrarin–makuñ* si presenta listas, laboreo y tres calles de *ikat.* Piezas de excepcional belleza suelen ser los *sobremakuñ.* Son ponchos de pequeña medida, tejidos con ricas calles de laboreo y rodeados perimetralmente por una faja ancha que abraza los cuatro bordes (*wincha*) y cumplen funciones ceremoniales.

G. Milet Ramírez (1860–1917) "Cacique Lloncon"

Poncho de listas y laboreo

Con otro tipo de guarda atada se ornamentaba el poncho de argollas: el sistema era diferente ya que se tejía un poncho liso de lana sin teñir y se hacían posteriormente las ataduras rodeando con la tela obtenida una piedrita redonda y atando de modo de dejar la piedrita aprisionada (ver pág. 30). Ésto se repetía de trecho en trecho según la cantidad de dibujos deseados y recién entonces se teñía. Al desatar las piedritas, se veía que donde habían estado los hilos de amarrar quedaba la tela sin teñir formando un aro o argolla.

Poncho de argollas

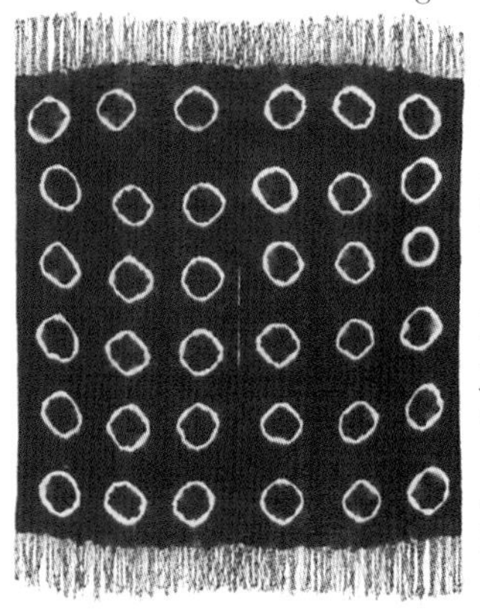

También se lograban figuras cuadrangulares o rombos si la atadura se hacía plegando la tela en lugar de poner la piedra. Estos ponchos eran más finos, es decir de menor espesor que los otros, debido a que el amarre requería de una tela más flexible y a que no era fácil lograr un teñido de color oscuro y parejo con un tejido más grueso. Los hubo con flecos y sin ellos. Evidentemente también llegaron desde el norte, siguiendo el corredor andino, porque son similares a los de esas regiones y la técnica (*plangit* o *plangi*) es la misma.

A partir de estos tipos básicos, las indias rivalizaron en arte e ingenio para combinar listas con guardas atadas y guardas de labor y producir piezas que provocan admiración al verlas.

Poncho de laboreo

Claro está que todo tenía su compensación. Mejor tejía la artesana, mayor jerarquía denotaba el grupo de esposas del cacique o capitanejo, y eso era muy importante en la vida social de la tribu.

No podemos afirmar que la complejidad de la pieza, tal como colores de las listas, o existencia o no de guarda de labor, tenga un significado establecido de jerarquía política o militar de su dueño, pero de lo que acabamos de explicar se desprende que cuanto más importante era el indio mejores tejedoras tenía, y por lo tanto mejores ponchos.

Actualmente hay muchos tejedores y tejedoras, pero muy pocos se dedican a la tejeduría de ponchos pampas en nuestro país, ya que resulta mucho más rendidor y menos fatigante producir piezas pequeñas y con flecos para adorno o souvenir, o fajas, incluso por el tamaño del telar vertical que llega a los tres metros de altura por dos de ancho en algunos casos; aunque hemos visto ponchos actuales de excelente factura y respetando las características de los antiguos, diferenciándose de éstos solamente por ese brillo mate (casi parecido al de las fibras acrílicas) de la lana de las ovejas que poblaban el sur hace dos siglos, hoy extinguidas.

Poncho de laboreo y listas

Ponchos Jesuíticos

F. Paucke, S. J. (1719–1779) "Trajes"

En el mundo incaico la producción textil era cuantiosa, pero no solventaba las necesidades de la nueva sociedad formada a raíz de la conquista. Las piezas se tejían una a una y su calidad y forma no se adecuaban al sistema occidental donde la vestimenta se basa en el corte y confección, cuyo material se obtiene de piezas totalmente uniformes, tejidas por varas. La alternativa era la importación de Europa o la implantación de centros textiles de tipo occidental. Se optó por lo segundo, admitiendo un comercio de ultramar que proveía las telas de lujo como casimires de Inglaterra, encajes de Flandes, gasas de Francia, rasos y brocados de Italia y paños de Castilla, en tanto que el grueso de la producción se hizo en América.

El primer obraje textil establecido por la Compañía de Jesús data de 1545, sólo cinco décadas después de la llegada de Colón a tierra americana.

Los padres jesuitas eligieron para su obra fundacional el pueblo de Sapallanga, situado en el valle de Jauja, en el Perú, y se extendieron por toda América latina hasta su expulsión, decretada y efectivizada en 1767.

No es caprichoso que estos establecimientos fueran concebidos para la producción textil ni que se multiplicaran, pues subvinieron a las necesidades de los pobladores del nuevo mundo, acrecentadas por sucesivas leyes emanadas de las Cortes de Valladolid. En 1548, por ejemplo, se prohibió a las colonias de América la compra de géneros ultramarinos, para que la demanda no encareciera estos productos en la península ibérica.

Un año más tarde, para que no se produjera un flujo comercial inverso hacia España, se prohibió la fabricación de paños finos hasta llegar a 1552, cuando, continuando su política pendular, las Cortes vuelven a prohibir la salida de España de frisas, sayales o "cosa hilada de lana"(Fernando Silva Santisteban).

Los ponchos de mayor calidad fueron concebidos en Perú y en Alto Perú, aunque la estructura mejor organizada de la Compañía de Jesús fue en Paraguay, donde llegaron a crear la provincia jesuítica de Paracuaria.

En nuestro país, los centros de mayor producción de ponchos fueron Tucumán, Córdoba y Catamarca. Mientras que en los dos primeros se trabajaba mayormente con lana de oveja, en Catamarca se aprovechaba el algodón producido generosamente en esa zona.

En estos obrajes, los telares eran del tipo español, de pedales, aptos para tejer piezas de hasta una vara de ancho por unas ciento veinte varas de largo.

Estos telares fueron alimentados con todo tipo de hilado que se produjera en cantidad suficiente como para la producción en serie. Así es como fabricaron telas de algodón, de lana de oveja, de alpaca (solamente en el Alto Perú) y de hilados mixtos.

Los ponchos se fabricaban tejiendo largas piezas de un ancho de entre 20 y 30 cm. Se formaban dos paños uniendo, por cada paño, dos o tres bandas cortadas del rollo original y posteriormente se los unía enfrentados "en espejo". A veces se los cosía longitudinalmente en el centro dejando el espacio para la boca, otras, se tejía una banda central con la boca formada por tejido con trama discontinua.

F. Paucke S. J. (1719–1779) "Una india ante su telar"

Los ponchos jesuíticos invariablemente llevaban dobladillo en ambos extremos y fleco perimetral. Suponemos que esta técnica de terminación de la pieza ha influenciado grandemente la tejeduría del noroeste argentino.

La calidad y variedad de diseños es importante, yendo desde los más sencillos, de telas listadas, a los medianamente complejos, con paños laterales de telas listadas y banda central de tejido de labor de falsa doble faz, culminando con los de mayor riqueza artesanal, nacidos de una pieza de tela totalmente laboreada. Eso sí, siempre repitiendo la secuencia del diseño.

Poncho jesuítico

Aunque después de 1767 muchos obrajes fueron abandonados, otros, principalmente en la región andina, continuaron su labor, dirigidos por americanos laicos, pero, en lo atinente a esta zona, la actividad cesó casi por completo en 1781, en ocasión del levantamiento indígena de Amaru y Katari.

Otros Ponchos

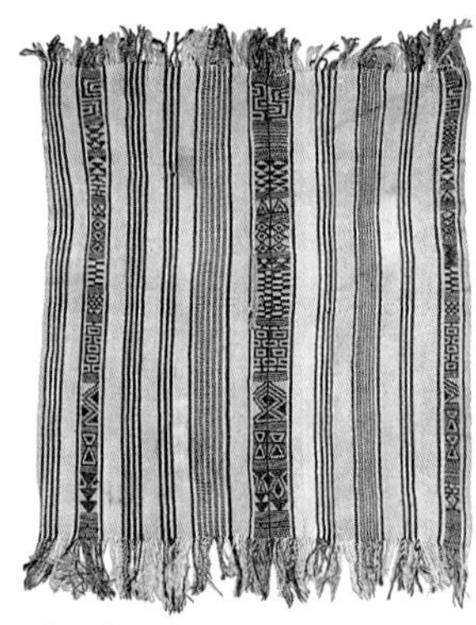

Poncho pilagá

Los aborígenes de la región chaqueña, amplia zona que ocupa territorios de varias provincias argentinas como Santa Fe, Chaco, Formosa, Santiago del Estero y Salta, y de países limítrofes como Paraguay y Bolivia, se han dedicado al tejido de fibras de algodón, lana y una especie vegetal llamada caraguatá. Con esta fibra, obtenida por machacado de las hojas de una planta bromeliácea, hilada por frotamiento entre la mano y el muslo y teñida con colorantes vegetales, tejen una gran variedad de piezas como bolsas, fajas y camisetas (ver pág. 16).

Los ponchos más importantes son los llamados *pilagá*, nombre tomado del grupo étnico al que pertenecen sus tejedores. Tradicionalmente son de lana de oveja, tejidos en un telar vertical similar al de los mapuches, en un solo paño, a usanza del sur, con flecos de urdimbre o estructurales o, en ocasiones, terminados como los del noroeste argentino, con dobladillo y fleco perimetral. Los colores son discretos y apagados, obtenidos por tinción con colorantes vegetales y su ornamentación consiste en calles de labor que alterna varias técnicas, como la de urdimbre suplementaria o de falsa doble faz, urdimbre complementaria (doble faz o laboreo andino) y dibujo a partir de la técnica de peinecillo. Es característica la falta de simetría en los diseños de las mitades derecha e izquierda del poncho.

Poncho de sesenta listas. Tejido en un solo paño, lleva un galón de labor en todo su perímetro y alrededor de la boca y fleco perimetral tupido de hilos finos.

También existen ponchos de argollas, de los obtenidos por técnica de tinción plangit, producidos por artesanas de los guaycurues, pero los más tradicionales son los de guardas de laboreo.

Adolphe D'Hastrel (1805–1875) "Lanciero"

No producidos en la Argentina sino en el Paraguay, pero dignos de mención por su uso habitual en las provincias argentinas del litoral, sobre todo en Corrientes, son los llamados sesenta listas, piezas de algodón, a veces de seda, de listas finas alternando el blanco con otro color, que puede ser, siempre oscuro, marrón, azul, gris, rojo o directamente negro.

Poncho inglés (anverso)

Si bien, tal como lo hemos expuesto antes, esta obra trata de ceñirse a los tejidos en telar producidos en nuestro país, no podemos dejar de mencionar piezas que fueron de uso tan común que llegaron a resentir las economías de las provincias productoras de ponchos; estamos refiriéndonos a los ponchos ingleses.

Poncho inglés (reverso)

El nacimiento de esos ponchos no artesanales tuvo sus orígenes en la Revolución Industrial, que obligó a la Gran Bretaña a aguzar el ingenio y perfeccionar las tácticas para poder colocar sus excedentes de producción.

1765 fue un hito. La aplicación de la energía obtenida del vapor de agua a la industria textil, hizo que todo se mecanizara y aumentase la velocidad de fabricación de telas con menor demanda de mano de obra. Las naves del imperio surcaban los mares buscando nuevos mercados y regresaban a las islas con los modelos de lo que en otros lugares consumían.

Entre los artículos más usados en Sudamérica estaban los ponchos, por lo que, consecuentemente, se abocaron a fabricarlos.

Los diseños fueron muy variados y lo mismo sucedió con la calidad de las telas. Los más sencillos, de trabajo, de tejido balanceado (mostrando trama y urdimbre que muchas veces eran de algodón la primera y de lana la segunda), copiaban las listas y el aspecto moteado de los ponchos de uso diario de nuestro sur; en tanto que otros (de paño abatanado

Esta prenda de paño azul oscuro, con forro de bayeta colorada, cuello y pechera abotonada, es en realidad un poncho–capa, de ángulos redondeados y ocasionalmente de estructura circular, con reminiscencias de la capa o poncho de Castilla, del sur de Chile y de las capas de los uniformes de militares y marinos de Europa. Hasta hace pocos años existía en Montevideo un establecimiento dedicado a su fabricación.

Poncho patrio

Juan Manuel Blanes (1830–1901) "Los dos Ponchos"

de pura lana) tomaban diseños de ponchos pampas de guarda atada; muchos respondían al gusto o la imaginación de sus diseñadores, porque no tenían relación alguna con los ponchos autóctonos. Estos últimos ostentaban a veces dibujos exóticos "no americanos y no europeos", como piel de leopardo, columnas abrazadas por serpientes, más propios del Asia o de tapicería de paredes de moda en Londres.

Las telas eran producidas en piezas de 140 cm o más de ancho y cientos de metros de largo. De allí se sacaban los cortes para poncho y se les daba terminación abriéndole la boca, cubriendo los bordes de la misma con cinta de gros, de terciopelo o de lana. Los flecos los hacían generalmente por torsión y engomado de los hilos de urdimbre, pero hemos visto algunas piezas con flecos perimetrales donde se usaban hilos de urdimbre o de trama según los bordes fueran los transversales o los longitudinales.

Desde la primera mitad del siglo XIX y hasta principios del XX, las tejedurías de Birmingham y Manchester producían ponchos para exportar al Río de la Plata y, según Taullard, los recibían en Buenos Aires ciertas casas de ramos generales como las de Barclay, Campbell & Cía, Diego Gattingand and Co., y la de los hermanos Ackerley.

Dice la tradición oral, cosa que si bien es altamente probable no hemos podido verificar, que ciertos importadores de esta ciudad se hacían enviar las piezas enteras, para luego hacer los cortes y dar terminación a los ponchos en sus talleres de confección. También de paño importado de Europa era el denominado poncho patrio, por formar parte del uniforme del ejército y de la policía, tanto de la Argentina como del Uruguay.

Cruces, Escalones y Rombos

En Macchu Picchu, el mismo simbolismo parece estar expresado en la tumba o mausoleo real, donde hay un escalonado de cuatro peldaños que no cumple un propósito funcional.

Los ponchos de guarda atada —y a veces los de laboreo— ostentan como motivos ornamentales los escalonados, dando muchas veces la configuración visual de rombos superpuestos o de cruces enmarcadas.

Este tipo de diseño ha sido motivo de numerosos estudios que arrojaron conclusiones disímiles.

Una opinión importante es la del investigador chileno Pedro Mege Rosso, que afirma que cuando observamos un *trarikan–makuñ* debemos interpretarlo como una sucesión de líneas o rayas que atraviesan todo el campo del poncho en su eje longitudinal, es decir siguiendo los hilos de la urdimbre, con una trayectoria sinuosa, escalonada u ondulante. Es un diseño *wirin* (raya), nacido a partir del *praprawe* (laberinto), duplicado y desdoblado tras sufrir varios procesos que varían su fisonomía inicial. De acuerdo a la cosmovisión mapuche, este *praprawe* cede paso al *wirin* escalonado y por esos peldaños la machi se eleva hacia el más allá.

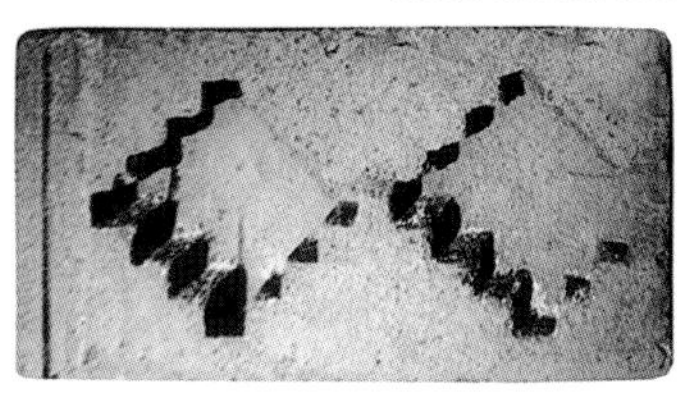

Chakana de Tihuanaco

En la década del 30, el arquitecto argentino Héctor Greslebin dice: *"Todos los pueblos que saben tejer caen necesariamente en las mismas expresiones decorativas, geometrizadas. Por ello es muy difícil, casi imposible, puntualizar sus emigraciones según estos datos, atendiendo a la comparación o identificación de sus mismos motivos. En cuanto a sus orígenes, no debemos confundir estas formas geometrizadas derivadas del tejido con aquellas que siendo idénticas provienen de simplificaciones de temas realistas y por lo tanto adquieren expresión simbólica des-*

pués de cumplir variados procesos de estilización, expresando contracciones de ideas abstractas, totémicas o religiosas".

Las diferencias entre ambos investigadores son notables; lo que para Mege es todo simbolismo, para Greslebin es un acto de diseño geométrico.

Pero existe un tercer punto de vista. Recorrer el altiplano implica encontrarse una y otra vez con estructuras escalonadas, los famosos andenes de cultivo en las laderas de los cerros y, más allá de lo que pueden significar como visión de paisaje, también se repiten los escalonados, tanto abiertos como cerrados formando figuras geométricas, en las construcciones y monumentos dedicados a honrar a sus dioses. Las más antiguas representaciones son las que podemos ver en las ruinas de Tihuanaco, en una construcción de planta rectangular denominada *kantatallita.* Allí se encuentran varios bloques llamados *chakanas.* Las *chakanas* son de dos tipos: cuadrangulares (cruces de dos niveles) y rómbicas (cruces de cuatro niveles), que se supone fueron esculpidas en el ciclo imperial (entre 724 y 1172 DC). También en las construcciones y monumentos del imperio incaico encontramos las cruces y los escalonados, probablemente debido a la influencia de Tihuanaco.

En Ollantaytambo es donde alcanza la máxima similitud con los diseños del sur. En el Templo del Sol se aprecia un escalonado en relieve que nos trae el recuerdo de las guardas atadas de los ponchos mapuches.

¿Cómo llegaron estos símbolos a integrar los rasgos culturales de los mapuches si los conquistadores incas no pasaron del río Maule y los dominios araucanos fincaban más al sur? Los españoles no tuvieron más trato que la confrontación militar con los hijos de las tierras del sur y no llegaron más allá del río Bío–Bío. Podemos ignorar el modo, pero de ninguna manera debemos desechar la teoría de su incorporación a la cultura textil mapuche, aunque tampoco podamos explicar por qué se perpetuaron en el diseño ornamental del *makuñ.*

Poncho pampa (mapuche) de guarda atada "tapado de cruces"

Matras

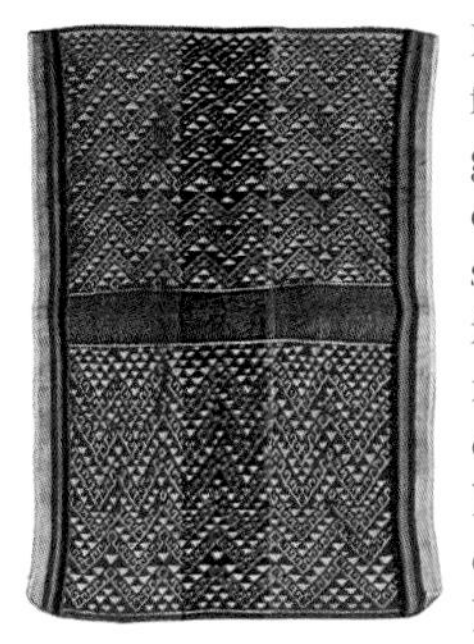

Matras mapuches

La matra constituyó una pieza fundamental del recado del gaucho y es uno más entre los elementos que éste adoptó de sus hermanos aborígenes. Su función en el recado es la misma que la del mandil y consiste en proteger el lomo del caballo de las lesiones que le produciría el roce del lomillo o de los bastos de no mediar una pieza acolchada entre la montura y el animal, pero también fue parte de la cama del paisano cuando debía dormir a campo abierto.

La descripción técnica puede ser enunciada como una pilcha de origen araucano (mapuche), de lana de oveja, tejida en telar vertical, con faz de urdimbre, a cuatro bordes, con diseños ornamentales.

Tres son las técnicas de diseño que podemos hallar en una matra: a) peinecillo, b) dibujos geométricos logrados con técnica de falsa doble faz o urdimbre suplementaria y c) listas de tejido llano de diferentes colores, pudiendo coexistir todos en una misma prenda y guardando, salvo excepciones, simetría "en espejo".

Su forma es rectangular, aunque también se las puede ver con un estrechamiento en la zona media del eje de la urdimbre, que les da una forma de reloj de arena o de dos trapecios unidos por su base menor, como los cojinillos de hilo.

Las dimensiones son variadas. Podemos encontrar matrones, de medidas importantes, similares a las de una manta de viaje o una frazada, aunque los tejidos

Apero criollo, ensillado con matras

producidos en el siglo XX tienen un largo que va desde 1 m a 1,25 m aproximadamente, mientras que el ancho oscila entre 0,90 m y 1,10 m, en tanto que las piezas antiguas coinciden generalmente en el largo, pero son mucho más angostas.

Por su parte, Justo P. Sáenz la agrupa entre las bajeras y le dedica este simple párrafo: *"Luego venía una gran matra doblada de procedencia araucana o simple tejido casero, que fuera importante "pilcha", de la cama gaucha, reemplazada hoy por el mandil de fieltro".*

Sudadera de lona

Sobre el final de su obra, en el *Vocabulario*, amplía: *"Matra, lo mismo que jerga. Manta de lana gruesa y áspera o algodón, que convenientemente doblada sobre el lomo de la cabalgadura, desempeña las mismas funciones que el mandil.*

Primera matra

Las hay de varias procedencias, siendo las "pampas" tejidas por los indios de esta parcialidad, las más afamadas por la calidad de su confección y belleza de colores. Las matras se utilizaron y aún se utilizan como cobijas o blanduras para dormir en el suelo. De dicho empleo proviene el nombre de matrero, gaucho alzado que vivía a la intemperie por hallarse en pugna con la ley y el verbo matrerear, andar huido o a monte..."

Segunda matra

Los colores de las matras abarcan todo el espectro cromático, tanto durante la época en que se utilizaban tintes naturales, generalmente de origen vegetal, como tras la irrupción de las anilinas industriales. Se teñían con colores fuertes y llamativos y los colores suaves y atenuados que ahora exhiben es producto del paso del tiempo con la consiguiente degradación por la luz solar, el ataque del sudor salino del caballo y la abrasión de la fibra por frotamiento.

Trecera matra

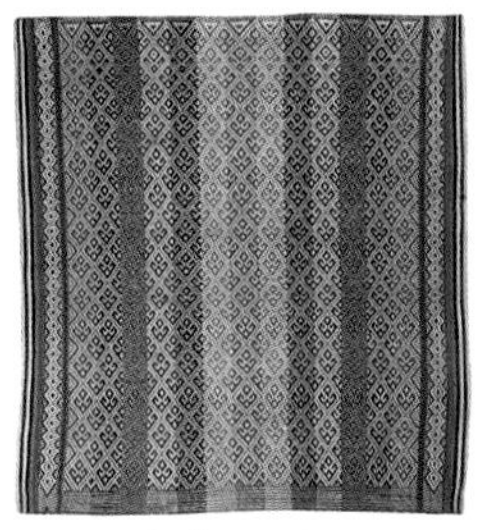

El color de base es el natural, de lana sin teñir, u otros, generalmente claros, para que pueda apreciarse el diseño que se logra con los hilos para "dibujar", de colores más subidos (hilos de urdimbre suplementaria).

En cuanto a los dibujos, son geométricos sin excepción, aunque esas figuras sean representación de estrellas (rombos escalonados), regiones boscosas (triángulos repetidos), elementos de labranza (garfios), ojos de guanaco (rombos), ano de ñandú (rombo escalonado), estribo de palo (triángulo de doble línea), araña (rombo con garfios), cerros y ríos (líneas simples o dobles en zig–zag que atraviesan transversalmente todo el campo), etc.

Resulta recurrente la figura del rombo, un poco influenciada por el sentido oblicuo al que obliga la técnica para dibujar, pero reconocida por diversos investigadores como una representación de los puntos cardinales, de gran importancia para la cultura mapuche por su concepto de división del espacio en un sector maléfico o negativo integrado por el norte y el oeste, en contraposición con los benéficos: el sur y el este (principalmente este último por su relación con la salida del sol). Lo reafirma una costumbre: para que el nacimiento de un niño mapuche no sea complicado y para que ese niño nazca bajo un signo protector, la madre —dicen las viejas, guardadoras de ritos y tradiciones— debe parir orientada hacia el este.

Carona de suela

Bastos

Boleadoras

Estribos

Cincha y encimera

Cojinillo

Apero completo

Ristro

Ristro

El ristro puede ser considerado como la variante mendocina del matrón, generalmente de diseño listado y de generosas medidas. Se utiliza en el recado doblado en cuatro. El ristro cuyano proviene de la influencia del sur, vale decir, mapuche, y del vocablo mapudungun "*richro*" (derecho) ganó su nombre.

Jergón

Cuando el explorador y naturalista francés Alcide D'Orbigny hace su descripción del apero criollo, tal como lo vió entre 1826 y 1833, menciona "...una o dos mantas (jergas) de las cuales la más fina y adornada se coloca sobre la otra".

A diferencia de los ristros, los jergones, también aplicados como matras, tienen relación con los tejidos del noroeste. Son tejidos en dos paños, con diseño ornamental policromo, a veces listado, pero más frecuentemente de guarda atada o *ikat*, con costura central de unión. Normalmente la terminación es sencilla, con un dobladillo en los extremos inicial y final del proceso textil, pero si, excepcionalmente, la influencia se remontase a las técnicas del Alto Perú, pueden ser piezas de cuatro bordes u orillos. Su tamaño es el de una frazada.

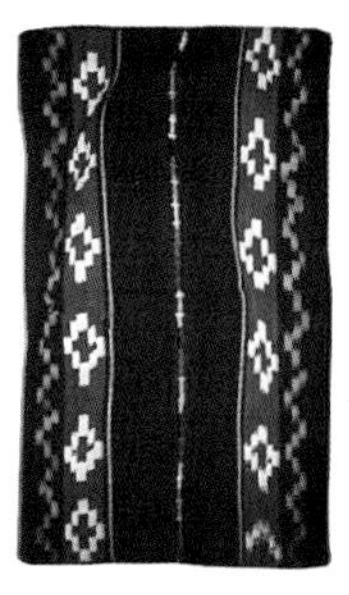

Pelero

Son tejidos usados en el apero como primer contacto con el lomo del animal, por lo que deben ser lo suficientemente gruesos, acolchados, deformables y absorbentes del sudor del caballo como para resguardar el lomo de lesiones por presión o roce. Reemplazaron desde hace ya mucho tiempo al cuero de oveja pelado (esquilado) y sobado, que se usó como "bajera" desde los albores de la cultura ecuestre de Sudamérica.

Su dispersión geográfica actual abarca todo el territorio nacional, pero su origen y centros de producción los hallamos en la región cuyana, el noroeste y la región pampeana y central del país, en especial en Santiago del Estero.

Consiste en una pieza tejida en lo que se denomina "semitelar", es decir, un bastidor al que se fija la urdimbre, sin movimiento de lizos. El tejido se logra por pasada manual de dos lanas de trama, entrecruzadas vuelta por vuelta, y se obtiene una especie de alfombrilla de faz de trama, de unos 2 cm de alto y de unos 50–60 cm de ancho por 70–80 cm de largo.

La lana de esa trama es gruesa y poco retorcida, muchas veces de un solo cabo, del grosor de un dedo meñique, y los diseños son geométricos lineales, en zig–zag o moteados, a dos colores naturales contrastantes, siendo el marrón y el blanco los más comunes.

"La técnica empleada para tejer peleros y caronillas es muy elemental y más se acerca al tejido de cestería que al tejido de telar. La urdimbre sin movimiento, fija, con dos tramas que tejen, está clasificada en la técnica cestera con el nombre de "cestería retorcida" (twined o acordonado)" (Millán de Palavecino)

Emeric Essex Vidal (1791–1861) "Gaucho con traje del siglo xviii" "Capataz, escolta y soldado"

Caronillas

Caronilla mendocina anverso y reverso

Aunque a veces se les da el nombre de peleros, son bien diferentes de aquéllos. La lana utilizada es gruesa pero mucho mejor hilada y torcida, de dos cabos, de dimensiones algo mayores, con dibujos geométricos, fitomorfos y en ocasiones ornito o zoomorfos, similares a los tapices, con colores vivos y variados. Sus bordes muestran habitualmente una cinta tejida en lana más fina, a veces de un solo color y otras con técnica de peinecillo, cosida en todo el perímetro de la prenda, denominada "*wincha*". En otras ocasiones usan un galón obtenido por trenzado (trenza plana). Su ubicación en el apero es también diferente, ya que cumple las mismas funciones que las matras, ristros y jergones, y es prenda vistosa, para mostrar.

Caronillas con diseños florales

Claudio Gay (1800–1873) "Peones Chilenos"

Cojinillos

"Cojinillo o Pellón: Prenda que va sobre la encimera y los bastos del recado y ofrece mayor blandura al asiento del jinete. Puede ser manta de lana, hilo o cuero de lanar con toda la lana. El cojinillo hace las veces de colchón al tender el paisano su recado para dormir". (Saubidet)

P. Pueyrredón (1823–1870) "Un alto en el campo"

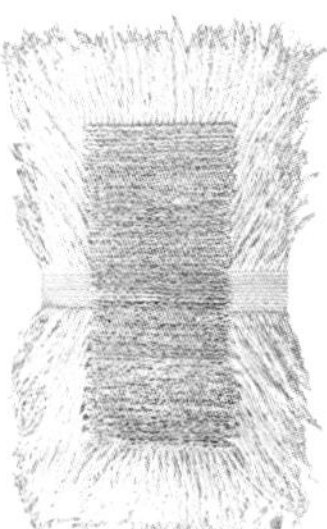

Cojinillo de mota y chilla (felpa e hilo)

Por necesidad de confort o por lujo, esta prenda constituye, desde los albores de la equitación criolla, una pieza elegida con suma dedicación por los tradicionalistas tanto como por los trabajadores camperos.

Respecto de los "de pellón", o simplemente pellones, todo cuero de oveja de dimensiones adecuadas puede ir a parar al recado, pero es sabido que no todos son iguales. Los de criolla y los de Lincoln, de mechas lacias y rústicas los primeros, sedosos y con brillo tentador los segundos, no son los más adecuados, porque si bien son vistosos, no dan comodidad por no formar almohadilla bajo las asentaderas y apelotonarse a poco de ser usados, por lo que deben ser suplementados con otro pellón y necesitan cepillado frecuente.

Los mas útiles para este menester son, al decir de Justo P. Sáenz, los de oveja cara negra, llamados también "de lana redonda" y sus especies similares, con esa masa compacta de hebras que le dan elasticidad y consistencia.

Cojinillo de mota y chilla (felpa e hilo)

Una vez seleccionado el cuero se procede al lavado cuidadoso de la lana y al sobado del cuero del lado de la carne, tarea absolutamente artesanal y fundamental.

Pero la prenda de lujo, la que usaba el "paisano de posibles" —siempre siguiendo a Sáenz— en su recado de pasear, era el cojinillo de hilo. No reemplazaba al de oveja, lo complementaba para lograr comodidad con uno y estética con el otro.

¿De dónde provenían los primeros cojinillos de hilo? La búsqueda lleva a las provincias "de arriba", y del Tucumán llegaban los más famosos. De color azul oscuro, blancos (de lana natural sin teñir), rubios y negros, eran confeccionados con hilado de pelo de cabra y su precio era alto aunque no compensaba el sacrificio de la tejedora.

Cojinillo de mota y chilla (felpa e hilo)

Cuando los ingleses se convirtieron en grandes proveedores de todo elemento que el paisano pudiera usar, estos cojinillos fueron muy bien imitados en las ciudades de Manchester y Birmingham, e inundaron Buenos Aires y su área de influencia.

Cojinillo de hilo

Los cojinillos araucanos (mapuches) del siglo XVIII y principios del XIX eran los de mota y chilla, es decir, con flecos en sus bordes en una extensión no mayor de diez a quince centímetros (chilla), enmarcando un centro afelpado muy parecido a las alfombras de pelo cortado (mota), generalmente azul marino, negro y blanco natural, y guardan mayor

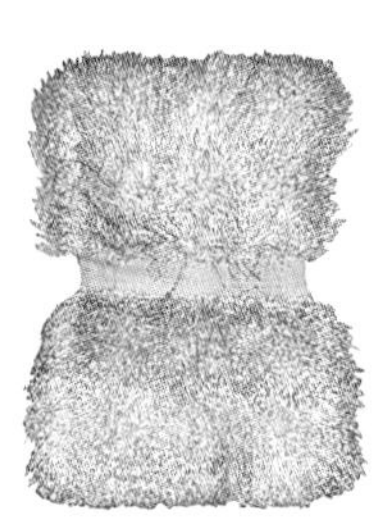

Cojinillo de chilla de vedija de lana sin hilar

similitud con los *chañuntukos* mapuches de uno y otro lado de la cordillera. La técnica es la misma: los flecos son hilados directamente sobre la trama, a partir del velloncito o vedija de lana sin hilar, y la mota se forma con hilo de lana de mediano grosor amarrados a la urdimbre, muy próximos entre sí, por medio del llamado "nudo *ghiordës*".

Los *chañuntukos* eran menos compactos y más delgados que los cojinillos de mota y chilla, casi siempre negros, con flecos ralos y espaciados, porque nacieron como "bajera" y sólo más tarde se los utilizó sobre la montura, y en ese cambio de función radicó la metamorfosis que sufrieron al ganar flecos, y poblarse de colores y dibujos en Chile y algunas regiones cordilleranas argentinas, sujetas a constantes fenómenos de trasvasamiento cultural.

La lana para los hilos provenía de alguna especie ovina semicabría, las famosas ovejas "pampas" quizás (Kermes las menciona en 1893), o caprina, extinguida en la actualidad.

Respecto de la técnica, no existía una sola manera de tejer y "enflecar" un cojinillo.

J. Daufresne "Familia de indios", 1844

Aunque la forma más depurada era la de tejer y fijar los hilos durante el proceso de tejido de la base, con técnica de matra, de cuatro bordes, es decir sin flecos, costuras ni dobladillos, es evidente que en todas las épocas el mercado fijó las reglas de producción de todo elemento negociable, y al crecer la demanda y el precio de compra de los cojinillos de hilo, las tejedoras comenzaron en primer término a tejer la base ya no de cuatro bordes sino al estilo poncho, con flecos en ambos extremos, terminados como trenza chata, lo cual brindaba un ahorro de tiempo considerable y no desmerecía la vista de la prenda terminada, ya que quedaban ocultos bajo los hilos del cojinillo.

C. Morel (1813–1894) "El Gaucho y sus armas"

Más tarde dieron a echar mano de cuanto tejido fuera de uso encontraron a su alrededor. Bastaba que tuviese las medidas adecuadas como para coserles dobladillos (a veces en los cuatro bordes), y fuese de color oscuro, para adosarle los hilos (hilados finos o de mediano grosor, pero siempre de excelente calidad tanto de material como de torsión) según los dictados de la tradición familiar, la experiencia o el ingenio de cada tejedora, preocupándose por lograr un amarre firme para que la pieza no empezase a perder el pelo con el uso.

Así podemos encontrar enhebrados de hilo en sentido vertical, siguiendo la línea de la urdimbre o en sentido horizontal, acompañando a la trama, hilos solitarios o agrupados de a cuatro o cinco, con nudos de amarre o sin ellos, etc.

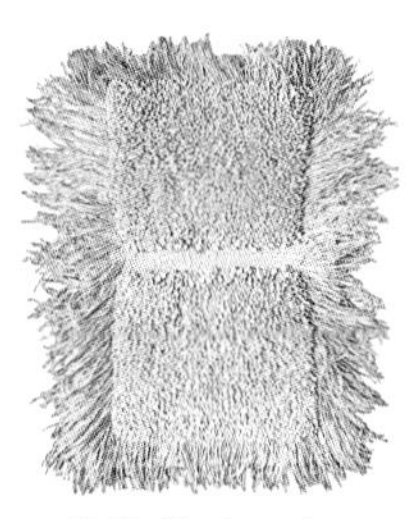

Cojinillo de mota y chilla de lana hilada (felpa e hilo)

Lo que siempre respeta un cojinillo antiguo es el sentido de su tejido; las líneas de la urdimbre corren en el sentido de su eje mayor, como las matras araucanas, los ponchos, las fajas, etc., y la razón radica en que la urdimbre es la que debe soportar el esfuerzo o tensión a que se somete la pieza en cuestión.

Los cojinillos ingleses tienen diferencias con los autóctonos tanto en la base como en la manera de fijar los hilos. La urdimbre corre transversal al eje mayor de la pieza, en tanto que los hilos acompañan a la trama y van emergiendo después de cruzar la urdimbre varias veces. Prácticamente, constituyen la trama de la base.

Lliclllas y Awayos

Son prendas rectangulares formadas por dos paños unidos en el centro, adornadas con "*pallai*" o listas en sus bordes laterales externos y en los bordes internos de cada paño, flanqueando la costura central. Miden aproximadamente un metro de largo y algo más de ancho, pero sus dimensiones son variables, acordes a su destinataria, a veces una niña.

El sacerdote español Bernabé Cobo (1582–1657) escribe: "*...ponensela encima de los hombros, y juntando los cantos sobre el pecho, los prenden con alfiler. Estos son sus mantos* [...] *los cuales les llegan hasta media pierna, y se los quitan para trabajar y mientras están en casa*" Cuando habla de alfileres se refiere a los "*tupus* o *tupos*", piezas de metal, mayormente de plata, cuyo cuerpo es una varilla cilíndrica con el extremo aguzado

Los araucanos también adoptaron el tupo de cabeza discoidal y una variante de cabeza esférica que llamaron acucha, deformación de aguja. Los conquistadores españoles los denominaban punzones.

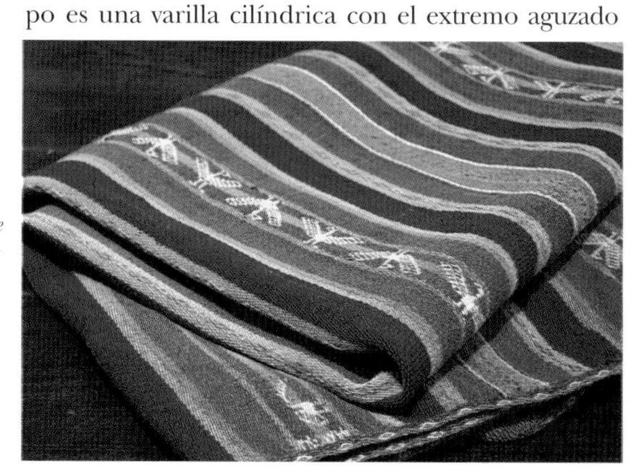

para atravesar la pieza y sujetarla, terminando en el otro extremo en un rosetón discoidal o con forma de cuchara, ambos con mayor o menor grado de trabajo de cincelado o calado. *Llicllas* y *awayos* son la misma prenda, siendo *lliclla* la denominación aymara y *awayo* la quechua.

Tari, pieza similar al awayo, tejida en un solo paño, relacionado con el uso ceremonial de la coca.

El *awayo* sigue siendo utilizado ampliamente en toda la zona del altiplano argentino–boliviano como vestimenta, como envoltorio para transportar alimentos, ropas y enseres domésticos y como manta

para cargar a los niños a la espalda. Esta última utilidad data del siglo XIX, ya que hasta fines del XVIII los niños eran transportados en una cesta a manera de cuna.

Pueden ser tejidos con lana de alpaca, de oveja, de llama y con hilado de algodón, alternando a veces estos materiales en la misma pieza. Sus diseños ornamentales son numerosos como también los ribetes de terminación, tejidos sobre la misma pieza.

En muchas ocasiones una mitad sólo comparte con

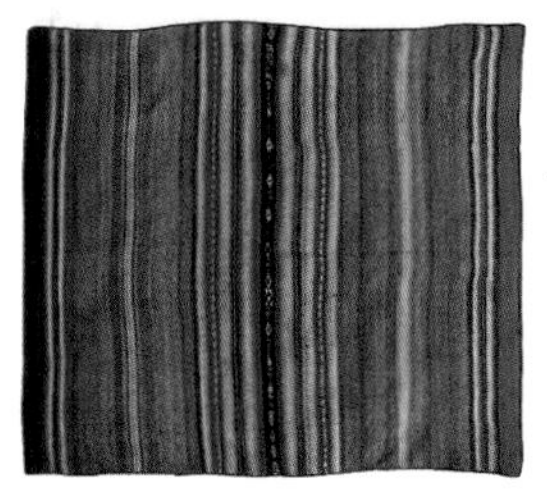

la otra el color del campo o pampa, en tanto que el *pallai* difiere. Se trata de componentes de ajuar matrimonial en los que cada mitad representa los diseños de las regiones de origen de los contrayentes.

Felipe Guamán Poma de Ayala "Indias con tupo", 1587

Fajas

El nombre aymara de faja es huaca, el quechua, chumpi y el mapuche, trarihue.

La faja emerge desde el fondo de los tiempos como elemento constitutivo de la indumentaria.

Usada como sostén de las prendas de cintura o para ceñir el talle en las prendas de cuerpo entero, ocupó su lugar en la vestimenta de hombres y mujeres.

Todavía mantiene su vigencia tanto en Oriente como en Occidente en los uniformes militares, en los hábitos eclesiásticos y en los atuendos de gala de nobles y plebeyos.

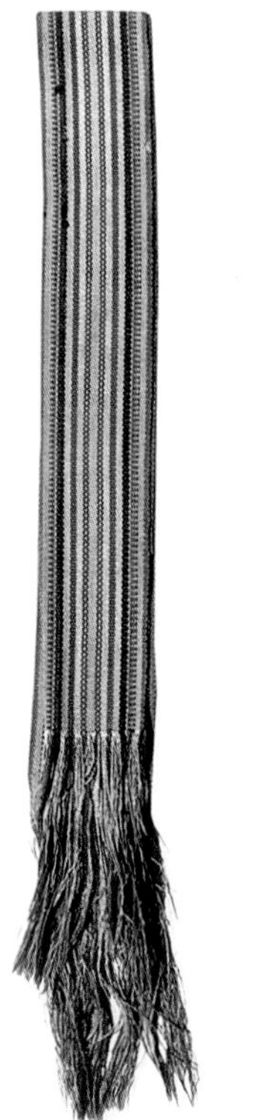

Faja de seda del sur de tejido llano

Fajas del sur

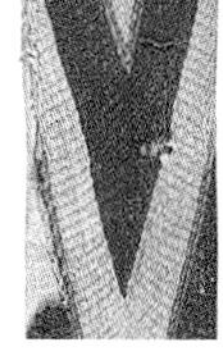

Detalle de la faja de la momia de Angualasto, Museo Etnográfico Juan B. Ambrosetti

Faja pampa de tejido tubular (urdimbre complementaria)

Fajas del Norte

Al parecer, en las regiones del norte, en tiempos prehispánicos, la faja era prenda exclusiva de las mujeres. Posiblemente fue usada por los hombres tan solo desde el siglo XVIII, por influencia de la vestimenta española y a raíz de la prohibición de usar trajes indígenas, emitida después del levantamiento de 1781.

Fajas de lana con diseño ornamental logrado con peinecillo.

En algunas publicaciones se ha mencionado el uso del poncho con cinturón para ceñirlo a la cintura en épocas antiguas, con pervivencia de la costumbre en el siglo XX en Potosí .

Es lógico que eso sucediera, ya que, el poncho reemplazó al *unku*, la camisa de origen preincaico que no era ni más ni menos que un poncho cosido en sus bordes para cerrar los flancos, dejando las aberturas para pasar los brazos, por lo que, cuando el poncho reemplazó al *unku*, fue ceñido por una faja para que siguiera cumpliendo las funciones de su predecesor.

En lo atinente al noroeste argentino, las fajas pueden ser de tejido llano, de un solo color, con diseños de listas y/o de peinecillo, sin demasiado valor artesanal, aunque en la provincia de Jujuy, debido a la influencia boliviana, pueden encontrarse fajas tejidas con técnica de doble faz, también denominada de laboreo andino o de urdimbre complementaria.

Las técnicas y diseños utilizados en Perú y el altiplano boliviano son de una riqueza tal, que cada comunidad o grupo étnico tiene algún rasgo particular que distingue sus fajas.

Han utilizado la lana, de camélidos (principalmente alpaca) y de oveja, así como el hilado de algodón, combinando muchas veces varios tipos de hilo en una sola pieza. Las medidas de las fajas en estas regiones difieren notablemente en largo y ancho. Vemos fajas de 4 ó 5 m de largo, generalmente de laboreo de doble faz, así como otras de no más de 1 m, denominadas ceñidores, tanto tubulares como de laboreo. Los anchos son muy variables: desde 10 cm o más hasta 2 ó 3 cm, como las de la región de Calcha, que son largas bandas de labor con diseños florales encadenados, con un largo de 2 ó 3 m.

Faja de lana procedente de Cuyo

En Perú y Bolivia encontramos, cosa que no sucede habitualmente en el sur, fajas tubulares de lana.

Los diseños copian motivos de la naturaleza, tanto vegetales (fitomorfos), como animales terrestres (zoomorfos) y aves (ornitomorfos), pero también tienen ornamentos geométricos figurativos e imágenes humanas (antropomorfos).

Como todas las técnicas textiles, los tejidos complejos de doble faz, tanto el tubular como el de laboreo, ambos con urdimbres complementarias, nacieron en esta zona y se extendieron más tarde por el corredor andino hasta asentarse en el sur chileno y cruzar los Andes para ser ejecutadas por mapuches y pampas en nuestro territorio.

Detalle de faja altoperuana

El diseño del caballo corresponde a la época posterior a la llegada de los españoles.

Fajas del Sur

Llegando a las fajas del sur y dejando de lado a las fajas creadas para otras funciones (ligas para botas de potro y vinchas para la cabeza, por ejemplo) podemos establecer como las primeras las creadas por el método de trenza chata, antes de dominar el telar. Luego esta técnica se dejó para las ligas y más tarde se abandonó.

A los efectos explicativos corresponde la división entre pampas (tubulares), araucanas o de laboreo (doble faz, de urdimbre complementaria) y mapuches (falsa doble faz, de urdimbre suplementaria, como las matras), aunque, como ya expresamos, todo deviene de un tronco étnico común.

Las más valoradas por su dificultad técnica para ser tejidas han sido siempre las dos primeras, aunque hay piezas bellas e importantes entre las del tercer grupo.

Fajas Pampas

Las fajas pampas eran tejidas en telares verticales y para su urdido se utilizaban sencillamente dos palos o cañas de colihue de unos 40 cm, plantados en el suelo y separados uno de otro según el largo de la pieza a tejer (generalmente de 2 a 3 m), y otros dos palos para separar los cruces de la urdimbre.

A partir de ahí, la tejedora iniciaba una marcha sin prisa pero constante, casi como una danza ritual, alrededor de esa formación, llevando hacia uno y otro extremo los hilos sin fin de la urdimbre, a veces en silencio, otras canturreando antiquísimas melodías propias de su oficio transmitidas de madres a hijas a lo largo de los siglos.

Fueron generalmente de dos colores contrastantes para establecer claramente la doble faz.

En ocasiones agregaban un tercer o aún un cuarto color que tanto podía formar parte del borde como de una o ambas caras de la prenda. Tradicionalmente eligieron blanco, amarillo oro, negro, rojo y azul oscuro, aunque sin desdeñar los otros colores.

Su nombre de telar de palillos o tablillas (ver pág. 47) se debe a que el trabajo se prepara introduciendo los mismos en forma seriada y sacándolos de a uno mientras se efectúa el movimiento de cruce típico del telar.

La técnica pampa produce un tejido de malla tubular, prácticamente dos tiras de tela superpuestas, una de cada color y unidas solamente por los bordes. Podríamos introducir la mano dentro de esa "manga" si no fuera porque al dibujar, los hilos de una pasan a los de la otra y viceversa.

"Estos tejidos, como se comprende, las indias los hacían para uso de su propia familia; para los hombres: ponchos, chiripaes y fajas para sostener estos últimos, y estas fajas de una anchura de 3 a 6 cm y un largo de 2 a 3 m. Para mayor durabilidad se fabricaban de una manera especial. Se tejen con dos urdimbres completas que forman dos tejidos separados; la unión entre ambos se obtiene, porque pasan, según varía el dibujo, hilos de una urdimbre a la otra; los dibujos que presentan estas fajas también aparecen arriba y en el revés de colores distintos y alternados." (Kermes)

También sirve este testimonio para defender la autenticidad de las sobrecinchas pampas que son apropiadas para realzar la elegancia de un recado de lujo. Respecto a los motivos ornamentales del tejido, en general se utilizaron figuras geométricas tradicionales que no son las que imitan la guarda atada de los ponchos. Esto es una adaptación contemporánea por generalización de la llamada "guarda pampa", vista también en fajas sencillas de tejido llano con técnica de *ikat.*

Fajas Araucanas

Faja araucana

Detalle de pollki–trarihue

La técnica en los *trarihues*, fajas en idioma mapudungun, ès la del tejido también llamado andino, de doble faz, de urdimbre complementaria, con gran influencia incaica. Se pueden encontrar *trarihues* de factura reciente que no respetan en absoluto las intrincadas claves de la tradición de tejedoras araucanas, es decir, pueden tener todo tipo de diseño, no exento de belleza en algunos casos, pero si hablamos de *trarihues* antiguos tradicionales podemos clasificarlos muy precisamente tal como lo hemos hecho con los ponchos.

La palabra *trarihue* significa "faja de mujer", pero en el medio tradicionalista, no aborigen, han sido utilizadas por los hombres.

Las fajas masculinas, los trarichiripa, son prendas de confección mucho más sencilla, de color rojo en su estructura básica, cuyo estudio ha sido imposible, y su hallazgo difícil, por haber abandonado tempranamente el mapuche el uso del chiripá.

El *pollki–trarihue*, es la faja decorada con líneas longitudinales entrecortadas o segmentadas, el *wirin–trarihue*, con líneas centrales longitudinales continuas, y el *wisiwel–trarihue*, con dibujos diagonales.

Una descripción especial merece el *ñimin–trarihue*. Ésta es la prenda que encierra un tesoro en su simbología, y es tan compleja, que aún sintetizando al máximo no podemos dejar de hablar de un borde y un centro, pero ese borde se descompone a su vez en cinco sectores, cada uno con un significado.

Todos los *ñimin–trarihues* son parecidos, dado que los colores del centro son invariablemente rojo o negro

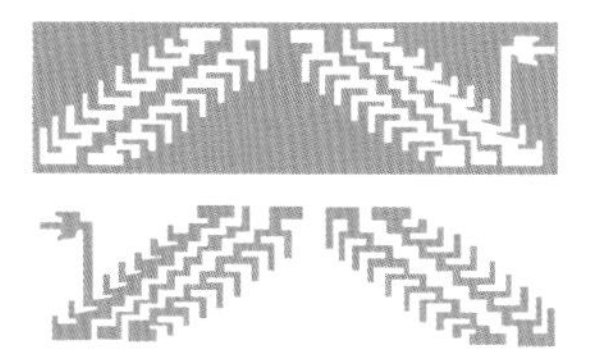

sobre base blanca, y el personaje dibujado es siempre el mismo: *Lukutuel*, hombre o mujer arrodillados en la gran ceremonia de rogativa, pero representado de una forma muy particular.

¿De dónde sale esta figura? Ni más ni menos que de una concepción que los investigadores creen única en el mundo. La figura humana "partida al medio y desdoblada" en varios sentidos hasta llegar a esta representación de la misma.

Tomando a *Lukutuel* como base, y por un proceso de reelaboración, llegan a otras figuras, por ejemplo *Rayén* (la flor) y *Temu*, árbol mágico que confiere a las aguas que corren a su vera el don de dar vida saludable a los recién nacidos cuyos ojos son lavados en ellas.

Sobre la base de estos pocos elementos, por el centro del *trarihue* corre toda una historia que narra acontecimientos ancestrales, a veces expresiones de deseos, y otras leyendas de origen tribal.

Trarihue

Kai–kai, fuerza negativa
Treng–treng, fuerza positiva

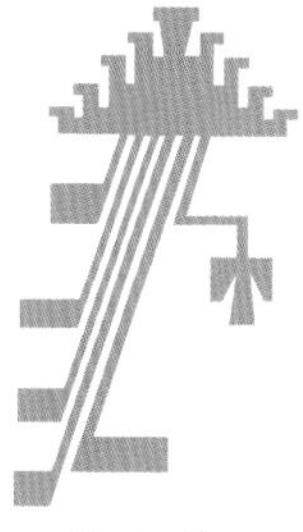

Rayén, flor

Lukutuel, el orante arrodillado

Temu, árbol

Detalles de Lukutuel y Temu

Fajas Mapuches o de Falsa Doble Faz

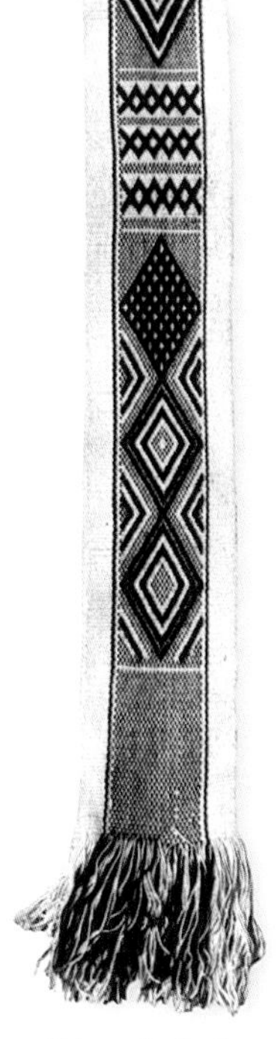

Estas fajas son tejidas habitualmente en los mismos telares usados por los mapuches para sus ponchos y matras, y utilizan para su ornamentación la técnica de urdimbre suplementaria.

Las figuras de sus diseños son las mismas que las empleadas en las matras (ver pág. 89) y en las guardas de sus ponchos y siguen generalmente el patrón geométrico rómbico.

El material utilizado es la lana de oveja y los colores pueden ir desde el blanco o natural con dibujos en lana marrón, también natural, sin teñir, hasta varios colores vivos coexistiendo en la misma pieza.

En general, todas las fajas de la Argentina y de Chile tienen un largo de 2 a 3 m y un ancho de 6 a 10 cm, a excepción de las jujeñas de laboreo andino que son más cortas (hasta 1,50 m).

Otras fajas

De la región chaquense podemos obtener fajas tejidas con lana, a la manera del noroeste, pero las más características son las de fibra de caraguatá o chaguar, vistosas, sin demasiado valor artesanal.

Algunas comunidades aborígenes del Chaco (por ejemplo los tobas) tejen curiosas fajas en faz de trama y también en Mendoza es posible ver algunas piezas tejidas con la misma técnica.

Faja mapuche de falsa doble faz

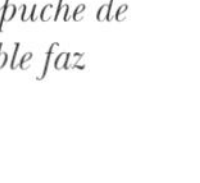

Faja toba de lana, tejida con faz de trama

R. Ramos "Huecuvu Mapu" 1993

Mantas

Chamal

B. Panunzi
"Pobladores del campo"

El *chamal* es una pieza tejida en telar, de forma rectangular y de dimensiones variables (promedio 1,40 m x 1,20 m), utilizada como vestimenta por los aborígenes del sur argentino y chileno.

Las mujeres mapuches lo usaban como vestido rodeando su cuerpo desde las axilas, sujetándolo arriba con *tupos* o *acuchas* y ceñido a la cintura por la faja; los hombres, ajustándolo a la cintura y cubriendo hasta media pierna de una manera especial. El *chamal* de uso femenino se denominaba "*kepam*", y el masculino "*chiripá*".

Ambos eran, entre los nativos, prendas tejidas a un solo paño con faz de urdimbre, de cuatro orillos y de un color uniforme, predominando el negro entre los *kepam* y los tonos marrones para los *chiripás.*

Más adelante, el paisano adoptó el *chiripá* negro de merino como indumentaria de lujo, cubriendo los calzoncillos. Éstos, terminados en finos flecos, rapacejo o bordado, llegaban hasta la caña de la bota. Las fotografías del siglo XIX muestran tal diversidad de diseños y materiales de chiripás que su clasificación se hace imposible. Este fenómeno queda justificado por la adaptación a este uso de muchos ponchos livianos, de lana hilada fina, a menudo procedentes del Alto Perú y aun de ponchos industriales importados de Inglaterra.

O. Heffer Bissett
"India hilando"

La forma de vestir el *chiripá* es la siguiente: se toman las dos puntas superiores del rectángulo y se rodea con ellas la cintura, sujetándolas con una mano contra el vientre. Con la otra mano se toma por el medio el borde inferior que está pendiendo desde la espalda hacia el suelo y se lo lleva hacia delante por entre las piernas hasta unirlo con las dos puntas del borde superior para ceñir todo con una faja.

Anónimo según William Mac Cann, "Paisano de Buenos Aires"

Pontro

Los *pontros* son las cobijas o frazadas de los mapuches. Su técnica de tejido es igual a la anterior, con la diferencia de que la pieza debe ser pesada, por lo que la lana utilizada es de fibra más gruesa y el tejido muy apretado. Los diseños ornamentales habituales son las listas de diversos colores y es común encontrar una terminación de borlas en las puntas.

Respecto de las medidas, el largo varía entre 1,40 m y 1,90 m, en tanto que el ancho puede llegar a igualarlo o superarlo.

Pontro

Puyo o Cama

No son otra cosa que la variante norteña de las cobijas. En tanto en el noroeste argentino se tejen a dos paños y con dobladillo de terminación, en el Alto Perú siempre siguieron su tradición de tejer a cuatro orillos.

Los diseños son variados. Pueden ser de listas coloridas, de guardas de labor sencillas a partir del peinecillo y de guarda atada; a veces las listas coexisten con cualquiera de las otras dos.

Puyo

Colcha

Colcha santiagueña, tejida en dos paños, base de faz de urdimbre con sobrebordados

Las colchas y cubrecamas más hermosos y de más fecunda diversidad creativa son los que antiguamente, hasta entrado el siglo XX, se realizaron en Catamarca y Santiago del Estero. Hemos podido examinar piezas tejidas en faz de urdimbre, en uno o dos paños, con sobrebordados logrados por técnicas variadas como el brocado (hilos que, perteneciendo al tejido, sólo se ven cuando dibujan) y el bordo (ver alfombras de bordo, pág. 118), con diseños florales, zoomorfos y geométricos, muchas veces en abigarrada coexistencia. En otras, la técnica es de faz de trama, tipo tapiz, con los mismos aditamentos ornamentales.

Los bordes llevaban generalmente rapacejo de estilo español en tres de sus bordes o en los cuatro, aunque también los había con madroños (borlitas), fleco perimetral, trenza chata y hasta flecos de cinta por trama discontinua, de influencia precolombina.

En la actualidad se siguen produciendo colchas de lana teñida con colores vivos, con diseños ornamentales de guardas a partir de peinecillo y rapacejo perimetral aplicado.

Colcha santiagueña con diseño geométrico

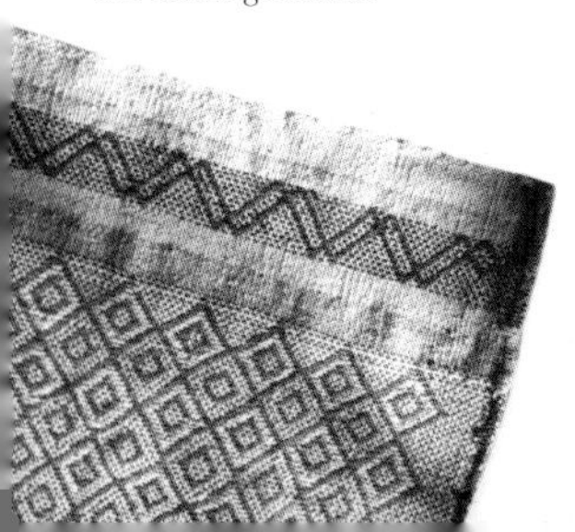

Detalle de colcha santiagueña tejida con faz de urdimbre, con diseño ornamental de listas de peinecillo

Alfombras

Las viejas alfombras del sur se tejieron manteniendo la característica de toda su artesanía textil, con faz de urdimbre, y han sintetizado todas las técnicas que los mapuches desarrollaron para las piezas del apero y para los ponchos y fajas.

Emeric Essex Vidal (1791–1861) "Iglesia de Santo Domingo"

Lamas

India mapuche vendedora de alfombras

Lama es la denominación de la alfombra para la etnia mapuche, y sus exponentes son, con las lógicas modificaciones de su aplicación doméstica, reproducciones de otros tejidos. Pedro Mege Rosso les atribuye un contenido preciso encerrado en el lenguaje de la simbología.

Entre la ornamentación de *lamas* antiguas podemos encontrar: guarda atada o *ikat*, similar a los ponchos (aunque con más variedad de colores); guardas de laboreo de urdimbre suplementaria o falsa doble faz, como una matra pero con flecos de urdimbre y de laboreo de urdimbre; y complementaria o doble faz.

Las de factura actual son generalmente de laboreo de falsa doble faz, con diseños ornamentales similares a los de las matras y fajas.

Choapinos

El *choapino* es prácticamente una denominación más del *chañuntuko,* término que es usado mayormente en Chile.

Es una pieza tejida a cuatro orillos con acabado de felpa o mota, según el grosor de la lana que se use para lograrlo. Estas hebras se amarran a los hilos de urdimbre de diferentes maneras, pero el medio más habitual es el nudo *ghiordës,* también llamado de *gueurdes.* Los hilos ya amarrados se van cortando a una altura uniforme de 2 ó 3 cm para ir formando el campo de felpa. Los bordes de la tela se dejan libres en una extensión de varios centímetros para adosarle hilos raleados que formarán una flecadura. Estos hilos de lana son hilados directamente tomados de la trama. Los hay también exhibiendo todo el campo poblado de hilos con poca torsión, incluso, a veces, con la vedija anudada directamente a la urdimbre. Son los llamados "de chilla".

Choapino con diseño obtenido por felpa o mota bicolor

Aunque el *choapino* nació como pelero y posteriormente fue cojinillo del apero equino, su suavidad y calidez han logrado que durante ciertos períodos —a veces definitivamente— pasen a poblar la casa y ser fuente de caricias para los pies de su dueño o lo abracen en su sillón favorito.

Los colores más tradicionales son el negro, el azul y el natural, porque son los que los usos y costumbres marcan para los cojinillos criollos, pero hay prendas antiguas de colores diversos, algunas con dibujos obtenidos por los hilos de la felpa.

Otras Alfombras del Sur

Podemos mencionar entre las alfombrillas las que presentan felpa en toda su extensión y otras, que en algunas zonas se las llama "de chilla", denominación derivada de las ovejas pampas llamadas así. En tanto que la lana usada para la felpa es lana hilada, en este caso se anuda directamente la vedija de lana generalmente teñida de antemano, con poca o nula torsión. A algunas alfombras se les da un largo de corte que puede ser el mismo que para la felpa, en tanto que otras conservan la vedija íntegra, sin cortar, dando un acabado intencionadamente irregular, similar a una pelambre (son similares a los *chañuntukos* de chilla). Si bien por regla general se las confecciona con lanas de colores naturales, blanco, grises y en la gama del marrón, hay algunas, generalmente del siglo XIX, que exhiben un colorido tal que podrían ser confundidas con creaciones de artistas actuales del tapiz.

Alfombrilla de chilla

Alfombrilla de felpa

Alfombra con diseño ornamental de falsa doble faz

Alfombras del Norte y Centro

Encontraremos aquí toda la variedad posible de formatos y medidas, desde la alfombrita que portaban los criados para que las damas se arrodillaran en la iglesia, hasta las grandes alfombras que cubrían los estrados femeninos y los pisos de los altares.

Antiguamente respetaban la técnica y el diseño de las europeas, habida cuenta de que fueron las órdenes religiosas las que enseñaron su confección en los monasterios, pero poco a poco, las artesanas criollas introdujeron su iniciativa en los ornamentos, tal como en los tapices.

Detalle de alfombra de bordo

El naturalista italiano Clemente Onelli (1864–1924) se ocupó de investigar la artesanía textil de la Argentina y fundó, en 1918, en Córdoba, la Escuela de Tejidos de Alfombras, desde la cual trató de difundir el arte del bordo. Lo mismo hizo en Tucumán y llegó a poner en funcionamiento un taller en el Parque de los Patricios, en pleno corazón de la ciudad de Buenos Aires.

Clara Díaz
"Los Gallos del Cura Fierro", 1987
2m x 2,1m

Clara Díaz
"Escarabajos y Laocontes", 1984
2m x 2,1m

Las técnicas empleadas son variadas; en general son: de tejidos balanceados con bordado plano, de tejidos de faz de urdimbre con felpa de nudo *ghiordës* que cubre toda la superficie (con o sin flecos perimetrales, aplicados o estructurales) y de faz de urdimbre o de trama con ornatos de brocado o de bordo.

En Santiago del Estero se tejía mayormente brocado, en tanto que en Córdoba, Tucumán, Salta, La Rioja y Catamarca floreció la técnica de las felpas. Actualmente son dignas de ser visitadas las escuelas de tejido de alfombras de San Luis y Catamarca, en las que se producen exquisitas piezas de grandes dimensiones, satisfaciendo pedidos de particulares e instituciones del país y del exterior.

Respecto del bordo, esta antigua técnica que tuvo su auge en la época colonial en las provincias de Córdoba y Tucumán, merece un párrafo aparte porque, si bien no es un tejido de telar "clásico", a partir de una base de tejido balanceado de lana o de fibra vegetal como la arpillera, el cañamazo o el canavá, se han producido verdaderas obras de arte, desde el siglo XVI hasta nuestros días, como las obras actuales de la afamada Clara Díaz. El bordo se inicia dibujando las figuras decorativas sobre la tela de base. Luego se borda con punto cruz o pata de gallo todo el fondo, es decir, el campo que no será cubierto por bordo, y por último, se procede, desde el centro hacia los extremos, a aplicar con aguja los hilos de lana que van tomados de la estructura del tejido balanceado.

Cada punto va enlazado en un alambre, que al ser quitado dejará un rulo, buclé o caracolillo con un relieve parejo y uniforme. De esa elevación o montículo ornamental deriva su nombre.

*Alfombra de Tulumba, provincia de Córdoba.
Técnica de pelo cortado o felpa, hilos amarrados con nudo ghiordës*

Tapices

Tapiz tejido en San Salvador (Jujuy)

Los tapices del sur son prácticamente inexistentes y las piezas que actualmente se exhiben son tejidos producidos para el turismo con diseños típicos ejecutados con técnica de falsa doble faz. Es frecuente que en los catálogos de ventas de las cooperativas mapuches, tanto argentinas como chilenas, las matras aparezcan bajo la denominación de "murales".

Sapagua, petroglifos

La tapicería criolla nació en las actuales provincias del noroeste y centro y deriva, como en el caso de las alfombras, con las que se halla íntimamente emparentada, de los tapices europeos. El tapiz se ejecuta con faz de trama (utilizada tanto en el kelim oriental como en el gobelino europeo), en telares verticales con lizos o sin ellos; en este caso en bastidores llamados semitelares. En ambos casos los hilos de urdimbre, delgados (generalmente de algodón), se colocan guardando cierta separación para permitir que el entrecruzamiento de los hilos de la trama (de lana) los encierren y oculten. Los hilos de urdimbre se pueden fijar sobre clavos colocados en forma equidistante en el marco del bastidor para que conserven una separación uniforme, pasar por caladuras en la madera del marco, o pueden ser amarrados siguiendo la misma técnica que la descripta para los tejidos de cuatro orillos para tejer con faz de urdimbre. En épocas prehispánicas, anteriores aún al imperio Inca, se utilizaba la faz de trama para tejer tapices e indumentaria, dejando a veces libres (no entrelazadas) las tramas al cambiar de color, produciendo en la tela ojales naturales.

Tapiz tejido en Salta

Urna funeraria de la cultura Santa María

Tapiz del norte, siglo xix, diseño europeo

Los naturales de nuestro país aprendieron rápidamente a copiar los diseños clásicos de la tapicería europea incluyendo obras de grandes pintores, entroncando en forma indisoluble la tejeduría del tapiz con la de la alfombra. Tampoco faltaron los blasones heráldicos presentes en estandartes y telas de colgar que se exhibían en los balcones de las casas de las familias más influyentes.

La llegada de los españoles trajo consigo un cambio profundo en la factura de los tapices, ya que los padres misioneros introdujeron la técnica y los diseños del viejo mundo. Tras la independencia de la corona española, los conventos y monasterios conservaron técnicas y diseños, pero las tejedoras del pueblo, las no pertenecientes a la clase alta, poco a poco, con el correr de los años, dieron nacimiento al tapiz verdaderamente representativo de nuestra tierra, pues, libres de otro condicionamiento a excepción de la técnica básica, comenzaron a copiar escenas de su entorno; paisajes puros, flora autóctona y personajes humanos y animales captados por su retina en actos cotidianos como acarrear leña, tejer, modelar cerámica, etc.

Los petroglifos de Sapagua, cercano a Humahuaca, y los de Cerro Colorado, a pocos kilómetros de Yavi, ambos en la provincia de Jujuy, también atrajeron su atención y no dejaron de lado los hallazgos arqueológicos de culturas precolombinas como las de Santa María, Belén y La Aguada (Provincia de Catamarca) y Candelaria (Provincia de Tucumán) para dejarlos plasmados en sus tapices.

En la actualidad, estos patrones clásicos se repiten con ciertas variantes de color y estilización de sus formas, hasta llegar a la ejecución de composiciones nacidas de la inspiración de quien teje, incluidas obras con diseño no figurativo de gran calidad artística. Dejamos en ese instante de hablar de artesanía para

Tapiz del sur, provincia de Neuquen

considerar la denominación de "arte", habida cuenta del aporte creativo e individual de su ejecutor.

Un ejemplo de ello lo dan los integrantes de la familia Cruz, cuyas obras se pueden apreciar en el museo de sitio de las ruinas de Quilmes, cercanas a Amaicha del Valle, en la provincia de Tucumán, de donde son oriundos, y en el mismo pueblo, donde están desarrollando un emprendimiento cultural muy vigoroso.

Contrariamente a lo acontecido con las piezas ejecutadas con técnica de faz de urdimbre, respetuosas de las técnicas, diseños y materiales de sus lugares de origen, que hace muy pocos años han llegado a interesar a artesanos urbanos, el tapiz, por su difusión mundial, ha captado desde siempre el interés de los creadores de arte visual.

Desde Jacques Larochette —argentino, descendiente de tapiceros franceses de la célebre fábrica de Aubusson—, con su taller escuela en Bariloche (Provincia de Río Negro), en 1948, pasando por el torbellino de los artistas surgidos en la década del 60 y la adopción de técnicas mixtas de inspiración euro-

S. Trigos "Megaflor"

Las obras de Silke y de Silvina Trigos que reproducimos sirven como ejemplo cabal del nivel de excelencia alcanzado por las artistas del tapiz en la República Argentina.

Silke
"El Diablo"
1993

pea y diseños especiales de artistas de la talla de Berni, Polesello, Soldi, Chab, Pérez Célis y Alonso (pintores argentinos contemporáneos), entre otros, el tapiz argentino, y por ende sus creadores, han ganado un lugar preponderante que trascendió sobradamente las fronteras del país para instalarse en el selecto universo de los salones y exposiciones internacionales.

"El tapiz ha abandonado el muro" es la frase que repiten los catálogos de la especialidad, pero no por repetida deja de expresar cabalmente la idea de la estructura tridimensional que adoptaron muchas obras para pasar a ser composiciones corpóreas escapadas definitivamente del marco aprisionante del bastidor y de las fibras textiles impuestas por la tradición.

Randa y Ñandutí

Aunque estas labores no son efectuadas en telar ni siguen una técnica de tejido para su factura, las citamos en esta obra por pertenecer a viejas artes difundidas en todo el territorio nacional.

Mantilla de ñandutí

La randa, cuyo aprendizaje lo debemos a las órdenes religiosas venidas de España, hállase aún vigente en las provincias de Salta, Catamarca, Tucumán, Santiago del Estero y Córdoba.

El Cercado, pueblo tucumano del Departamento de Monteros, es el más famoso en la actualidad por la calidad de las randas que allí se producen.

Es muy similar al encaje y de hecho lo ha reemplazado en manteles, cortinas y prendas de vestir durante varios siglos.

La factura de la randa se inicia en una red que se ejecuta con aguja de coser e hilo de algodón nº 200, con ayuda de un palillo para regular el ojo de la malla. Seguidamente, la randera la coloca bien tensada sobre un bastidor e inicia el bordado con hilo de distintos grosores según lo requiera el diseño.

Clemente Onelli escribe: *"Es, por lo tanto, el encaje tucumano bien de abolengo y bien de moda.*

Carpeta de randa

Bien de abolengo, pues el trabajo de ese encaje fue iniciado y enseñado a las educandas por las monjas de los conventos de Lima; cierto es que, a pesar de un origen de educación tan cristiana su aplicación fué tan exagerada que contra la randa peruana chillaron monjas, curas y obispos. Y no era para menos: las limeñas de la época del virreinato usaban modas un tantico más atrevidas que las actuales: pollera muy ancha de seda, que cuando mucho llegaba dos dedos arriba de la rodilla (digo arriba) y desde allí, hasta el tobillo, descendía, rica y transparente, la randa fabricada en los conventos de las castas monjitas."

Aunque el material habitual del ñandutí es el hilado de algodón de carretel, en Corrientes también se utilizan la lana, la rafia, la seda vegetal y fibras vegetales como la pita y el coco.

El término *ñandutí* deriva de la voz guaraní "*iandute*" (araña), y es una labor que guarda semejanza estrecha con la tela de araña, ya que parte de un centro y se va extendiendo en forma radial. Proviene del Paraguay y se difundió por las provincias argentinas con influencia guaraní, como Formosa, Chaco, Misiones, Santa Fe, Entre Ríos y por sobre todas, Corrientes, donde se ha arraigado, llegando sus artesanas a producir obras de excelencia.

La forma antigua de trabajar el *ñandutí* era la de tejer en un telar o semitelar (bastidor) un lienzo de tejido balanceado con urdimbres y tramas bastante abiertas y sobre él bordar las figuras decorativas, procediendo al final a separar la labor del lienzo de base recortándola con una tijerita de punta.

Carpeta de randa

Actualmente, hay varias maneras de montar los hilos sobre los que se van a bordar o coser los "dibujos": 1) sobre una almohadilla se clavan alfileres formando la circunferencia exterior de la labor, y de ellas se toman los hilos que cruzarán la almohadilla hasta formar un círculo reticulado. 2) se tensa una tela fina de algodón sobre un bastidor, y los hilos, en este caso, se tomarán atravesando la tela, quedando la pieza fijada en ella por sus bordes. La separación se hará recortando a tijera. 3) sobre cartones circulares o cuadrados con los bordes recortados en picos, los hilos se enganchan sobre esos picos y se procede a iniciar el bordado. Al finalizar solamente se deberán desenganchar los bordes. Ésta es la forma más rústica y elemental de trabajar el *ñandutí* y es usada por las niñas en su aprendizaje.

Textiles y Diseño

En la actualidad ha cobrado auge el rescate de los tejidos autóctonos para su uso en decoración, no sólo como piezas de exhibición, sino como componentes combinados con otros materiales en tapicería, moda del vestido y accesorios de indumentaria. Esta tendencia, si bien tiene algo de irreverente por resultar desvirtuado el uso tradicional para el cual fue concebida la pieza, conlleva el aporte positivo de que los textiles argentinos artesanales convivan con sus poseedores y les transmitan, con la tibieza de sus materiales y la seducción de sus diseños, la historia de los hijos de la tierra narrada por las manos diligentes de sus tejedoras.

Tapicería con textiles argentinos

Bibliografía

BARTH, Kathy *Viajando por Bolivia a través de las Maravillas del Tejido*, Bolivia, 2001.

BURGOS, Fausto, *Tejidos Incaicos y Criollos*, Buenos Aires, 1927.

CERVELLINO, G. Miguel *El tejido Mapuche. Proceso del Hilado, Tejido y Teñido en Base a Colorantes Vegetales Chilenos*, Santiago de Chile, 1877

COBO, Bernabé *Historia del Nuevo Mundo*, Madrid, 1956.

CORCUERA, Ruth *Ponchos de la tierra del Plata*, Buenos Aires, s/f.

Chertudi S, Nardi R. *Tejidos araucanos en la Argentina*, Buenos Aires, 1962.

DE LA VEGA, Garcilaso *Comentarios Reales*, Lisboa, 1609.

D'ÓRBIGNY, Alcide *Viaje por América Meridional*, Buenos Aires: Emecé, 1999.

VIDAL, Emeric *Picturesque Illustrations of Buenos Ayres and Monte Video*, Buenos Aires: Emecé, 1999.

FLORES OCHOA, J. *Clasificación y Nominación de los Camélidos Sudamericanos, La Tecnología en el Mundo Andino*, Méjico, 1981.

FURLONG, Guillermo *Arte en el Río de la Plata*, Buenos Aires, 1993.

GISBERT, Teresa *Arte Textil y Mundo Andino*, La Paz, 1987.

GRESLEBIN, Héctor *Introducción al Estudio del Arte Autóctono de la América del Sur*, Buenos Aires, 1958.

GROUSSAC, Paul *Anales de la Biblioteca, Apéndice Documental*, Buenos Aires, 1915.

HUAMAN POMA DE AYALA, Felipe *Nueva Crónica y Buen Gobierno*, Paris: Institut D'Ethnologie, 1936.

INSTITUTO NACIONAL DE ANTROPOLOGÍA *1000 Años de Tejido en la Argentina*, Buenos Aires, 1978.

JOSEPH, Claude «Los Tejidos Araucanos», *Revista Universitaria de Chile*, Santiago de Chile, 1931.

KERMES, Enrique «Tejidos Pampas», *Revista del Jardín Zoológico de Buenos Ayres*, Buenos Aires, 1893.

MAC CANN, William *Viaje a Caballo por las Provincias Argentinas*, Buenos Aires: Solar, 1969.

MEGE ROSSO, Pedro *Arte Textil Mapuche*, Santiago de Chile, 1990.

MARÍ, Jorge et al.: *El Apero Criollo*, Buenos Aires: Vega y Eguiguren, 2000.

MILLAN DE PALAVECINO, María Delia *El Poncho, estudio etnográfico*, Buenos Aires, 1954.

——— *Area de Expansión del Tejido Araucano*, 1964.

MONTECINO, Sonia: *Mujeres de la Tierra*, Chile, 1984.

PAUCKE, Florian: *Hacia allá y para acá. Una estada entre los indios Mocobíes (1749–1767)*, Buenos Aires: Instituto de Antropología de la Universidad Nacional de Tucumán, 1942.
SAENZ, Justo P. (h.) *Equitación Gaucha*, Buenos Aires: Peuser, 1959.
SAUBIDET, Tito *Vocabulario y Refranero Criollo*, Buenos Aires: Editorial Claire, 1978.
SCHMIEDL, Ulrico *Viaje al Río de la Plata*, Buenos Aires: Emecé, 1997.
SILVA SANTISTEBAN, Fernando *Los obrajes en el Virreinato del Perú*, Lima, 1964.
STRAMIGIOLI, Celestina *Teñido con Colorantes Vegetales*, Buenos Aires: Galerna, 1991.
TARANTO, Enrique y Marí, Jorge *Textiles de Uso Tradicional*, Buenos Aires: Asociación Criolla Argentina, 2001.
TAULLARD, Alfredo *Tejidos y Ponchos Indígenas de Sudamérica*, Buenos Aires: Guillermo Kraft, 1949.
TERRERA, Alfredo *El Caballo Criollo en la Tradición Argentina*, Buenos Aires, 1969.
VILÁ, Bibiana *Camellos sin Joroba*, Buenos Aires: Colihue, 2001
ZEBALLOS, Estanislao S. *Viaje al País de los Araucanos*, Buenos Aires: Solar, 1994.

Martinez Compañón, (1735–1797) "Indio del Purap"

Índice Analítico

Los números en negrita indican ilustraciones

Martinez Compañón, (1735–1797) "Español a caballo" e "India pastora"

Índice

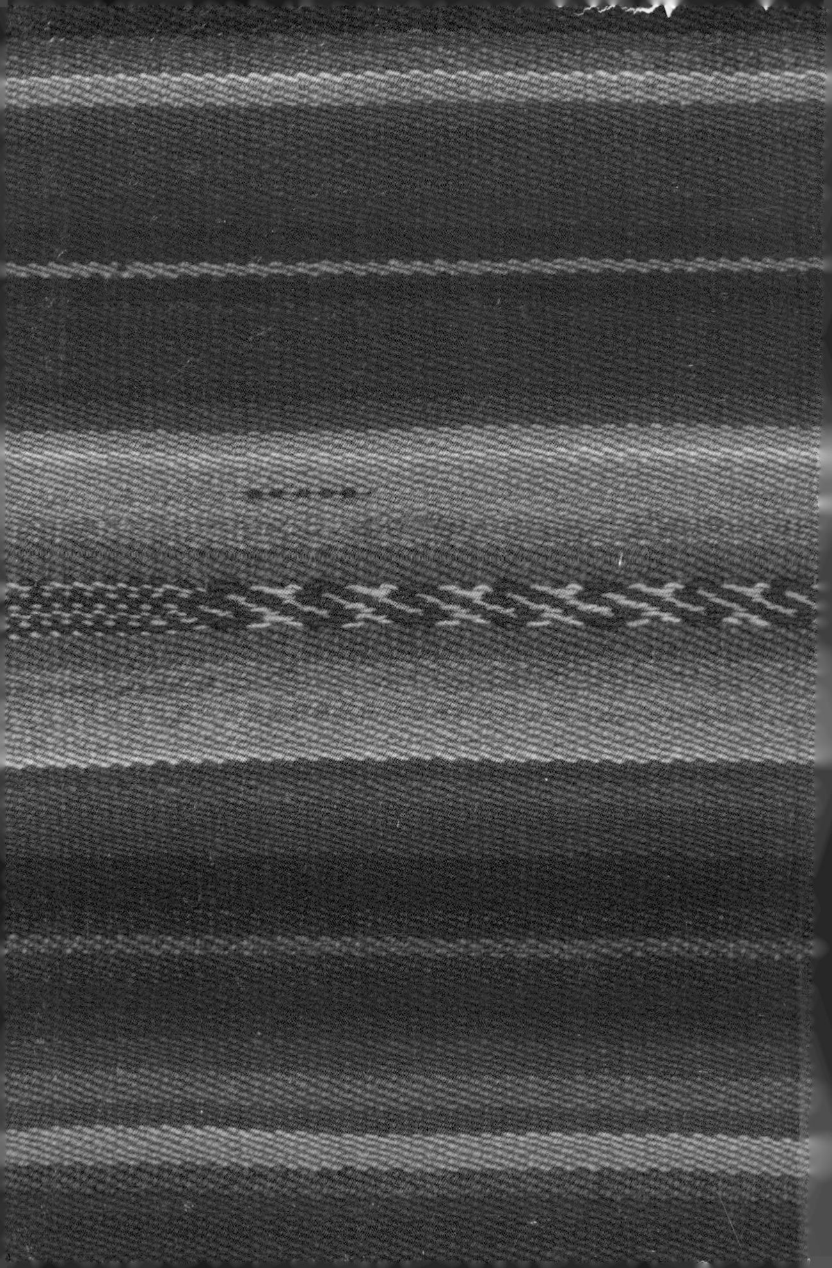